다윗과 함께
부르는 노래

다윗과 함께 부르는 노래

발행일   2020년 5월 29일

지은이   임동환
펴낸이   손형국
펴낸곳   (주)북랩
편집인   선일영   편집   강대건, 최예은, 최승헌, 김경무, 이예지
디자인   이현수, 김민하, 한수희, 김윤주, 허지혜   제작   박기성, 황동현, 구성우, 장홍석
마케팅   김회란, 박진관, 장은별
출판등록 2004. 12. 1(제2012-000051호)
주소   서울특별시 금천구 가산디지털 1로 168, 우림라이온스밸리 B동 B113~114호, C동 B101호
홈페이지   www.book.co.kr
전화번호   (02)2026-5777   팩스   (02)2026-5747

ISBN   979-11-6539-233-8 03230 (종이책)   979-11-6539-234-5 05230 (전자책)

이 도서의 국립중앙도서관 출판예정도서목록(CIP)은 서지정보유통지원시스템 홈페이지(http://seoji.nl.go.kr)와
국가자료공동목록시스템(http://www.nl.go.kr/kolisnet)에서 이용하실 수 있습니다.
(CIP제어번호: CIP2020021749)

하나님의 마음에 합한 자,
다윗 이야기

다윗과 함께 부르는 노래

| 임동환 지음 |

골리앗을 물리친 소년 전사 출신으로 이스라엘 왕에 오른 다윗.
그는 어떻게 하나님의 마음에 쏙 든 인물이 되었을까?
목회 30주년을 맞은 임동환 목사가
34가지 주제를 통해 들려주는 다윗의 일대기와 기도 이야기

북랩 book Lab

들어가는 말

다윗은 이스라엘의 왕으로 기름 부음을 받고 나서 왕이 되기 전까지 늘 죽음의 위협 속에서 살아야 했다. 그러나 그는 어떤 위기 속에서도 함께하시는 하나님 앞에서 노래하기를 잊지 않았다. 성경 시편의 절반을 다윗이 기록한 것이니, 다윗이 얼마나 많은 노래를 지어 하나님을 찬양했는지 알 수 있다. 고난 가운데서도 그가 하나님을 향하여 노래할 수 있었던 이유는 어떤 고난이 다가와도 하나님께서 자신과 동행하시고 자신을 건져 주심을 믿었기 때문이었다.

이 책을 쓰면서 필자는 내 주변을 돌아보았다. 대학에 진학하기 위해서 아침부터 늦은 시간까지 책과 씨름하는 청소년들, 대학은 졸업했지만 직장을 얻기 힘들어서 애쓰는 청년들, 직장 생활을 하면서 퇴사를 고민하며 스트레스로 고민하는 직장인들, 문을 닫아야 할까를 고민하며 사업의 운영을 힘들어하는 자영업자들, 남편과 아내의 갈등으로 이혼을 생각하고 있는 부부들,

코로나 19로 확진 판정을 받고 힘들어하며 사랑하는 가족을 잃고 고통받는 사람들 등 수많은 사람이 고난의 터널을 지나고 있는 것이 보였다. 그러나 우리가 잊지 말아야 할 것은 고난의 시기에도 우리는 혼자 있는 것이 아니라는 사실이다. 그 고난을 통과하는 순간에 하나님께서 우리 곁에 계신다. 이 책은 저자가 CTS TV의 〈빛으로 소금으로〉라는 프로그램에서 매주 한 편씩 나눈 묵상의 말씀을 책으로 엮은 것이다. 많은 성경의 인물 가운데서도 다윗을 택한 이유는 다윗이야말로 수많은 고난을 통과하면서도 고난 가운데서 하나님을 노래하며 영광과 감사를 올린 사람이기 때문이다. 다윗의 눈에 비추어진 하나님을 묵상하며 어떤 고난 가운데서도 다윗과 함께 하나님을 노래하기를 원한다.

이 책은 전체 3장으로 34개의 주제를 제시하고 있다. 이 책을 읽을 때 각 주제의 초반부에서 제시하는 성경 인용문을 먼저 읽고 이 책을 같이 읽으면서 묵상의 시간을 가지면 좋겠다. 각 장의 내용을 간략히 설명해 보면, 제1장에서는 하나님의 마음에 맞는 사람의 9가지의 기준에 대하여 다룬다. 제2장에서는 다윗이 왕이 되고 나서 맞이한 그의 인생의 황금기와 그의 성공과 실패 가운데서 우리가 기억해야 할 12가지의 가치에 대하여 묵상한다. 제3장에서는 다윗이 고난 가운데서 하나님을 향해 노래했던 13편의 시편을 묵상하면서 우리도 고난의 시기를 지날지라도 하나님께 찬양과 감사를 드리며 살아야 할 이유를 제시하고 있다. 이

책은 개인적인 묵상뿐만 아니라 교회에서 새벽 예배 시간에 나누어도 좋고 구역 예배나 소그룹에서 나누어도 좋겠다.

임동환

차례

제1장

하나님의 마음에 맞는 사람의 기준

하나님을 사랑하고 의지하라[1]

하나님은 이스라엘 백성들의 간구를 들으시고 사울을 왕으로 세워 주셨다. 사울 왕은 처음에는 하나님의 말씀을 순종하는 것 같았지만, 시간이 지나면서 자신도 모르게 교만이 마음에 자리 잡았다. 가는 곳마다 자신의 기념비를 세웠고 하나님의 말씀에 귀를 기울이지 않고 순종하지 않게 되었다. 하나님은 불순종하는 사울 왕을 보시면서, 하나님의 말씀을 순종할 새로운 왕을 세우기로 결정하셨다.

하나님은 이스라엘의 수많은 사람 가운데 이새의 집을 선택하셨고 이새의 아들 가운데서 막내아들 다윗을 왕으로 세우셨다. 하나님은 사무엘 선지자를 이새의 집으로 보내어 다윗을 이스라엘의 제2대 왕으로 기름 붓도록 하셨다. 이새에게는 많은 아들이 있었지만, 하나님은 특별히 막내인 다윗을 선택하셨다.

---

1) 삼상 16:6~13.

12 다윗과 함께 부르는 노래

사무엘 선지자가 이새의 집에 가서 이새의 아들 엘리압을 보니 대단히 건장한 청년이었다. 사무엘은 하나님이 그를 선택하리라 생각했다. 그러나 하나님은 사무엘이 가지고 있는 기준과는 다른 기준을 가지고 이스라엘의 제2대 왕을 준비하고 계셨다.

> [6] 그들이 오매 사무엘이 엘리압을 보고 마음에 이르기를 여호와의 기름 부으실 자가 과연 주님 앞에 있도다 하였더니 [7] 여호와께서 사무엘에게 이르시되 그의 용모와 키를 보지 말라 내가 이미 그를 버렸노라 내가 보는 것은 사람과 같지 아니하니 사람은 외모를 보거니와 나 여호와는 중심을 보느니라 하시더라(삼상 16:6~7)

사람들은 외모를 본다. 어떤 학교를 나왔는지? 재산은 얼마나 있는지? 키는 얼마인지? 사람들은 그 사람이 가지고 있는 외적인 조건을 우선으로 본다. 결혼 적령기인 남성들에게 어떤 여자와 결혼하기를 원하느냐고 물어보면, 대부분 예쁜 여자와 결혼하기를 원한다고 대답한다. 결혼 적령기인 여성들에게 어떤 남자와 결혼하기를 원하느냐고 물어보면 키 크고 잘생긴 남자와 결혼하기를 원한다고 말한다. 사람들은 외모를 본다. 그러나 하나님은 사람들의 외모에 초점을 두지 않으신다. 하나님은 그 사람이 어떤 사람인가, 즉 그의 중심을 보신다. 정말 중요한 것은 외모가 아니라 사람의 중심이며, 그 사람의 인격이기 때문이다. 하나님은 이새의 아들들의 외모보다는 그들의 마음의 중심이 어떤지를 보고 계셨다. 하나님이 보신 다윗의 중심은 어떠하였기에 그를 왕으로 선택하신 것일까? 우리가 갖추어야 할 우리의 중심은 어떠해야 하는가?

하나님을 사랑하는 사람이 되자

다윗은 늘 하나님께 찬양하고 예배하는 삶을 살았다. 시편 18편 1~2절에 보면, "나의 힘이신 여호와여 내가 주를 사랑하나이다 여호와는 나의 반석이시요 나의 요새시요 나를 건지시는 이시요 나의 하나님이시요 내가 그 안에 피할 나의 바위시요 나의 방패시요 나의 구원의 뿔이시요 나의 산성이시로다"라고 노래하고 있다. 하나님은 이와 같이 하나님을 사랑하고 하나님을 노래하는 다윗을 보시면서 기뻐하셨다. 사도행전 13장 22절에 보면, "다윗을 왕으로 세우시고 증언하여 이르시되 내가 이새의 아들 다윗을 만나니 내 마음에 맞는 사람이라 내 뜻을 다 이루리라 하시더니"라고 말씀하고 있다. 하나님은 다윗을 만났을 때 하나님의 마음에 맞는 사람이라고 말씀하셨다. 오늘 우리는 어떤가? 우리도 다윗처럼 하나님을 사랑하고 있는가? 우리의 마음의 중심이 하나님을 향하고 있는가? 우리도 마음을 다하여 하나님을 사랑하고 하나님을 찬양하고 예배하는 사람이 되자.

하나님을 믿고 의지하는 사람이 되자

　다윗은 전적으로 하나님을 믿고 의지하고 살았다. 그는 목동으로서 양을 돌보고 살았는데, 양을 돌보다 보면 때로는 곰이나 사자가 나타나서 양을 물어가려는 위기의 순간을 만날 때가 있었다. 다윗은 책임감이 강한 사람이었다. 그는 자신이 돌보는 양을 곰이나 사자에게 빼앗길 수가 없었다. 위기의 순간에 그는 목숨을 걸고 곰이나 사자로부터 양을 지켰다. 그런 담대함이 어디에서 왔을까? 다윗은 그 어떤 순간에도 하나님이 자신과 함께하시고 자신을 지키고 계심을 믿었기 때문에 그렇게 담대할 수 있었다.

　시편 23편 4절에서 다윗은 고백한다. "내가 사망의 음침한 골짜기로 다닐지라도 해를 두려워하지 않을 것은 주께서 나와 함께하심이라 주의 지팡이와 막대기가 나를 안위하시나이다" 다윗은 하나님이 자신의 목자가 되심을 믿었다. 자신이 양들을 보호하는 것처럼 하나님도 자신의 목자가 되어서 자신을 지키시고 보호하심을 믿은 것이다. 다윗이 이처럼 전적으로 하나님을 의지하고 살아갈 때 하나님은 그를 기뻐하셨다. 하나님은 어떤 순간에도 다윗을 버리지 않으시고 그에게 은혜를 베풀어 주셔서 곰이나 사자의 발톱에서 양들을 지켜 주셨을 뿐만 아니라 다윗의 생명도 보호해 주신 것이다.

곰과 사자가 다가와 양을 물어 가려고 하듯이 우리에게도 많은 문제가 다가와 우리의 가정을 파괴하고 우리의 건강을 도둑질해 가려고 한다. 그럴 때 우리는 다윗과 같이 하나님을 의지해야 한다. 우리가 하나님을 의지할 때 하나님은 우리를 도와주시고 길을 열어 주시기 때문이다. 이사야 41장 10절은 말한다. "두려워하지 말라 내가 너와 함께 함이라 놀라지 말라 나는 네 하나님이 됨이라 내가 너를 굳세게 하리라 참으로 너를 도와주리라 참으로 나의 의로운 오른손으로 너를 붙들리라" 오늘 우리는 우리에게 다가오는 모든 두려움과 문제를 하나님께 맡기고 살고 있는가? 하나님을 의지하고 담대하게 믿음으로 전진하고 있는가? 다윗처럼 하나님만 의지하고 살아가는 사람이 되자.

성령님과 동행하는 사람이 되자

사무엘상 16장 13절에 보면, "사무엘이 기름 뿔병을 가져다가 그의 형제 중에서 그에게 부었더니 이날 이후로 다윗이 여호와의 영에게 크게 감동되니라 사무엘이 떠나서 라마로 가니라"라고 말한다. 사무엘이 다윗에게 기름을 부을 때 다윗에게 성령이 충만하게 임재하셨나. 성령은 다윗에게 다가오는 고난과 문제를 이길 수 있는 담대함과 능력을 주셨다. 성령이 함께하는 사람에게는 놀라운 은혜가 있다. 다윗이 성령의 기름 부음을 받고 나서 수금을 타고 찬양을 할 때 귀신이 떠났다. 이 놀라운 소식은 사울 왕의 주변 사람들에게까지 들어가게 되었다. 당시 사울 왕은 악령으로 고통받고 있었기 때문에 다윗의 이야기를 들은 한 신하가 사울 왕에게 수금을 타는 사람을 구하여 왕을 위해서 연주할 때 왕이 나을 것이라고 말한 것이다. 다윗을 염두에 두고 했던 말이었다.

[18] 소년 중 한 사람이 대답하여 이르되 내가 베들레헴 사람 이새의 아들을 본즉 수금을 탈 줄 알고 용기와 무용과 구변이 있는 준수한 자라 여호와께서 그와 함께 계시더이다 하더라(삼상 16:18)

다윗이 사울 왕을 처음으로 대면했던 운명적인 장면이 여기서 펼쳐진다. 사울 왕은 이때만 해도 다윗을 평범하게 수금을 연주하는 소년 정도로만 알았을 것이다. 자신의 눈앞에서 수금을 연주하는 이 소년이 장차 블레셋과의 전투에서 거인 장수 골리앗을 쓰러뜨리고 이스라엘의 2대 왕이 되리라고는 상상도 할 수 없었을 것이다. 성령의 인도하심 속에서 왕의 악령을 떠나게 하는 영성을 가진 사람 다윗의 등장은 하나님이 장차 다윗을 통하여 놀라운 일을 이루실 것을 보여 주는 예고편과 같았다.

하나님은 오늘도 우리의 외모가 아니라 중심을 보고 계신다. 우리는 하나님의 말씀에 귀를 기울이지 않고 순종하지 않았던 사울 왕과 같은 사람이 되지 말아야 한다. 우리도 매사에 하나님을 우선으로 하며, 자신이 맡은 자리에서 최선을 다하며 하나님의 말씀에 귀를 기울이며 어떤 환경에서도 하나님을 노래했던 다윗처럼 살자.

하나님의 이름을 붙들라[2)]

우리는 살아가면서 수많은 문제를 만난다. 그러나 성경을 보면 믿음으로 사는 사람들은 어떤 문제나 어려움이 다가와도 하나님을 믿는 믿음으로 모든 어려움과 문제를 극복하고 승리의 삶을 살았던 것을 볼 수 있다. 다윗도 수많은 문제를 만났지만, 그는 어떤 어려움이 다가와도 하나님을 믿는 믿음으로 그 모든 어려움을 극복하고 살았다. 우리는 어떻게 살아야 할까?

문제로 인하여 두려워하지 말자

사무엘상 17장을 보면, 블레셋 군대가 쳐들어와서 골짜기를 사이에 두고 이스라엘군과 블레셋군이 대항하여 진을 치고 있었다. 블레셋 군대에는 골리앗이라는 거인이 있었는데, 이 사람은 싸움

---

2)   삼상 17:41~49.

을 돕우는 자였다. 이스라엘 군인들은 이 사람이 외치는 소리만 들어도, 그의 거대한 창과 방패를 보기만 해도 겁에 질렸다.

[11] 사울과 온 이스라엘이 블레셋 사람의 이 말을 듣고 놀라 크게 두려워하니라(삼상 17:11)

사람들은 자기 힘으로 해결할 수 없는 문제를 만날 때 두려워한다. 마치 거인 골리앗과 같은 문제가 다가올 때 사람들은 겁에 질린다. 그러나 우리는 우리에게 다가오는 문제나 환경만을 바라보고 두려워하지 말아야 한다. 다윗은 문제와 어려움이 다가와도 두려워하지 않았다. 그는 그런 환경 가운데서도 오직 하나님만을 바라보았다. 다윗이 하나님을 믿을 수 있었던 것은 그가 목동으로 살아오면서 어떤 어려운 순간에도 하나님이 자신을 버리지 않았음을 경험했기 때문이다. 다윗은 문제가 다가올 때 두려움을 하나님께 맡기고 문제를 향하여 믿음으로 담대하게 도전하였다.

인간이 달을 정복한 이야기는 우리에게 중요한 교훈을 준다. 첫 우주선이 달에 도착하기 전에는 수많은 사람이 인간이 달을 정복하는 것은 불가능한 일이며, 달에 갈 수 없는 수많은 이유가 있다고 주장했다. "대기권을 뚫고 나갈 수가 없다", "중력이 너무 강하다", "달까지의 거리가 너무 멀다", "우주선이 너무 무겁다" 등 달에 갈 수 없는 만 가지 이유를 제시했다. 그러나 달에 갈 수 없다는 두려움을 내려놓고 인간이 달에 갈 수 있다는 사실을 믿고 도전하는 사람에 의해서 결국 달은 정복되었다. 할 수 있다고 생각하고 도전하는 사람에게는 길이 열리기 때문이다. 골리앗의 함성을 듣던 이스라엘의 군인들은 점점 자신들이 작아 보였다. 자신들은 골리앗과 싸울 수 없는 미미한 존재로 보였다. 그들에게는 두려움이 가득했다. 그러나 다윗은 골리앗을 바라보지 않고 하나님을 바라보았다. 하나님께서 골리앗을 자신에게 주셔서 큰 승리를 주실 것을 믿었다. 오늘 우리도 살아가면서 많은 문제를 만난다. 그러나 어떤 문제를 만나든지 환경을 바라보지 말고 우리의 모든 문제의 해결자이신 하나님을 바라보자. 오늘 우리는 문제가 다가올 때 무엇을 바라보고 있는가? 자신도 모르게 두려워하고 떨고 있지는 않은가? 문제가 다가오고 어려움이 있을 때 문제를 바라보지 말고 하나님을 바라보자.

하나님을 잘 알자

다윗은 전쟁터에 있는 형들을 위문하러 왔다가 골리앗이 이스라엘 군대를 조롱하는 것을 보고도 이스라엘의 군사들 가운데서 아무도 나가서 골리앗과 싸우려고 하는 사람이 없자, 주저하지 않고 자신이 나가서 골리앗과 싸우겠다고 외쳤다. 그 이야기를 듣고 사울은 그에게 말했다.

[33] 사울이 다윗에게 이르되 네가 가서 저 블레셋 사람과 싸울 수 없으리니 너는 소년이요 그는 어려서부터 용사임이니라(삼상 17:33)

사울의 눈으로 볼 때 절대로 다윗은 골리앗의 적수가 될 수 없었다. 다윗이 골리앗과 싸우겠다고 하는 것은 누가 보아도 무모한 일처럼 보였다. 괜한 객기를 부리며 죽음을 자초하려는 철부지 아이처럼 보였다. 그러나 다윗은 골리앗이 누구인지는 잘 몰랐지만, 하나님이 어떤 분인지에 대해서는 누구보다 잘 알고 있었다. 다윗에게 있어서 하나님은 늘 자신과 함께하시고 자신을 지켜 주신 목자였다. 다윗은 자신이 양을 지킬 때 사자나 곰이 나타나면 그것을 따라가서 치고 그 입에서 양을 건져냈다. 다윗은 하나님이 자신과 함께하셔서 자신이 곰과 사자와 싸울 때 자신을 지켜 주시고 자신을 건져 주시는 하나님이셨기 때문에 자신이 골리앗과 싸울 때도 자신을 지켜 주시고 승리를 주실 것을 믿었다.

[37] 또 다윗이 이르되 여호와께서 나를 사자의 발톱과 곰의 발톱에서 건져내셨은즉 나를 이 블레셋 사람의 손에서도 건져내시리이다 사울이 다윗에게 이르되 가라 여호와께서 너와 함께 계시기를 원하노라(삼상 17:37)

예수님께 병 고침을 받은 사람들은 예수님이 병든 자를 고치시는 주님인 것을 알았다. 열두 해를 혈루병으로 고통당하던 여인은 자신이 예수님의 옷자락에 손만 대어도 나을 것을 믿었다. 그 여인은 예수님이 누구신지 알고 있었다. 예수님은 하늘과 땅을 지으신 하나님의 아들이시며, 자신의 병을 고칠 수 있는 권능의 주님이심을 알고 있었다. 오늘 우리에게 있어서 하나님은 누구신가? 우리는 하나님을 제대로 알고 있는가? 하나님을 제대로 알고 믿고 구하는 사람에게 오늘도 하나님은 기적을 베풀어 주신다.

하나님의 이름을 붙들자

소년 다윗이 거인 골리앗과 싸우겠다고 앞으로 나서자, 골리앗은 기가 막혔을 것이다. 자신과 싸우겠다고 나온 사람이 고작 갑옷도 입지 않은 소년이라는 사실에 모욕감을 느꼈을 것이다. 골리앗은 화가 나서 앞뒤를 재지도 않고 당장 다윗을 죽이겠다고 그의 칼과 창을 들고 달려 나왔다. 그러나 그 순간 다윗은 칼과 창을 의지하지 않고 오로지 만군의 하나님의 이름을 의지하고 골리앗을 향하여 나아갔다.

[45] 다윗이 블레셋 사람에게 이르되 너는 칼과 창과 단창으로 내게 나아 오거니와 나는 만군의 여호와의 이름 곧 네가 모욕하는 이스라엘 군대의 하나님의 이름으로 네게 나아가노라(삼상 17:45)

하나님의 구원은 사람이 얼마나 좋은 무기를 가지고 있는가에 달려 있지 않다. 내가 얼마나 지혜가 많고 아이큐가 높고 돈이 많이 있고 실력이 많이 있는가에 따라서 내 인생이 결정되는 것이 아니라는 것이다. 다윗은 하나님을 알고 그 이름을 붙들고 전쟁에 나갔다. 이 전쟁은 단순하게 골리앗과 다윗의 전쟁이 아니라 하나님과 골리앗이 싸우는 영적 전쟁이 된 것이다. 하나님과의 전쟁에서 골리앗은 하나님의 적수가 될 수 없었다. 결국 다윗은 골리앗을 쓰러뜨리고 전쟁을 승리로 이끌 수 있었다.

골리앗의 실수는 무엇이었나? 다윗을 과소평가했으며, 자신의 힘과 전쟁의 경험을 너무 믿었다. 오늘 우리는 무엇을 의지하고 있는가? 나 자신을 의지하고 살고 있지는 않은가? 다윗의 장점은 자신의 능력을 의지하지 않고 하나님의 능력을 의지한 것이다. 우리도 하나님을 의지하고 살아가자.

하나님의 눈으로 자신을 바라보라[3]

우리 주변에 보면 꽤 괜찮은 사람인데도 불구하고 열등감에 사로잡혀서 살아가는 사람들을 종종 볼 수 있다. 성경에 나오는 많은 인물 가운데 열등감으로 인하여 자신도 고통 속에서 살아가고 다른 사람들도 괴롭게 만든 사람들이 있다. 그중에서도 대표적인 인물을 생각해 보라고 하면 사울 왕을 생각해 볼 수 있다. 오늘 본문의 말씀을 통하여 우리에게 주시는 진리의 말씀은 무엇일까?

누구에게나 상한 마음이 있을 수 있다

사람들은 어린 시절부터 자신도 모르게 주변 사람들로부터 상처를 받아서 상한 마음을 가지고 살아가는 경우가 많이 있다. 주

---

3)　삼상 18:6~16.

변의 사람들에게 충분히 인정받지 못하고 거절당하거나 성장기에 부모의 비교나 편애 등으로 인하여 마음속에 상처를 받고 자란 경우에는 마음속에 여러 가지 증상이 나타난다. 성경에 등장하는 사람들도 예외가 아니어서, 분노, 두려움, 열등감, 굶주림 등 여러 가지 상한 마음의 증세가 나타나고 있다. 사울의 경우는 열등감이 강한 사람이었다. 다윗이 골리앗을 쓰러뜨리고 큰 승리를 거둔 후 돌아올 때 여인들이 부른 "사울이 죽인 자는 천천이요 다윗은 만만이로다"라는 노래는 사울의 열등감에 불을 질렀다.

> [7] 여인들이 뛰놀며 노래하여 이르되 사울이 죽인 자는 천천이요 다윗은 만만이로다 한지라 [8] 사울이 그 말에 불쾌하여 심히 노하여 이르되 다윗에게는 만만을 돌리고 내게는 천천만 돌리니 그가 더 얻을 것이 나라 말고 무엇이냐 하고(삼상 18:7~8)

사울은 백성들의 인기가 다윗에게 쏠리는 것에 마음이 쓰였다. 사울은 두려웠다. 이렇게 사람들에게 인기가 있는 다윗이 자신을 몰아내고 이스라엘의 왕이 될 수도 있겠다는 생각까지 하게 되었다. 생각이 거기까지 미치자 사울은 전쟁 영웅인 다윗을 죽이기로 결심했다. 싹은 작을 때 잘라 버려야 한다고 생각했기 때문이다.

〈아마데우스〉라는 영화를 보면, 안토니오 살리에리라는 음악가는 모차르트의 천재적인 음악성에 대하여 열등감을 가지고 모차르트를 시기했다. 사실 살리에리도 궁중의 유명한 음악가로서 대단한 사람이었다. 그러나 모차르트를 보면서, 자신은 모차르트를 뛰어넘을 수 없다는 깊은 열등감에 빠져서 심한 질투를 느꼈다. 그는 일평생 모차르트를 향한 열등감을 가지고 살았다. 그래서 1등을 뛰어넘지 못하는 2등의 열등감을 가리켜 '살리에리 증후군'이라고 부르기도 한다. 누구에게나 상한 마음이 있을 수 있다. 우리도 자신을 누군가와 계속해서 비교하고 열등감에 빠져서 살아가고 있지는 않은가? 우리의 모든 상한 마음을 예수님께 가지고 나가서 맡기고 치료자가 되시는 예수님이 주시는 치유를 받아들이자.

마귀에게 마음을 빼앗기지 말라

　야고보서 4장 7절은 이렇게 말한다. "그런즉 너희는 하나님께 복종할지어다 마귀를 대적하라 그리하면 너희를 피하리라" 우리가 상한 마음을 가지고 살아갈 때 그 배후에는 마귀의 영향력이 있을 수 있다. 사울 왕의 경우에도 다윗을 향한 열등감을 가지고 살아갈 때, 자신도 모르게 자신을 다윗과 비교하고 다윗을 미워하여 그를 죽이려는 악령이 강하게 작용했다.

사울 왕에게 악령이 강하게 역사할 때 그는 정신없이 떠들어 대기도 하였고 다윗이 수금을 타며 사울 왕에게서 악령을 쫓아 내려고 할 때 다윗을 향하여 창을 던져 죽이려 하기도 하였다. 다윗은 사울이 전쟁에서 위기 가운데 있을 때 전쟁을 승리로 이 끌게 했던 고마운 사람이었다. 그러나 이제 사울의 눈에는 그런 것이 보이지 않았다. 사울에게 다윗은 단지 자신의 자리를 탐내고 있는 사람으로밖에는 보이지 않았다. 오늘 우리도 상한 마음을 치유하고 마음을 지키고 살아야 한다.

[23] 모든 지킬 만한 것 중에 더욱 네 마음을 지키라 생명의 근원이 이에서 남이니라(잠 4:23)

우리가 상한 마음을 가지고 살아갈 때, 우리는 자신도 모르게 마귀가 일할 수 있는 자리를 마련해 준다. 우리는 마귀에게 마음을 도둑질당하지 말아야 한다. 마귀는 도둑같이 다가와서 우리의 마음을 도둑질하고 죽이고 멸망시키려고 한다.

[10] 도둑이 오는 것은 도둑질하고 죽이고 멸망시키려는 것뿐이요 내가 온 것은 양으로 생명을 얻게 하고 더 풍성히 얻게 하려는 것이라(요 10:10)

마귀에게 마음을 도둑질당하지 않기 위해서는 날마다 기도와

말씀 묵상의 경건 훈련을 통하여 마음을 지키고 열등감에서 벗어나야 한다.

하나님이 보시는 눈으로 자신을 바라보라

열등감을 가지고 살아가는 사람들을 보면 누가 자신에게 비교하거나 잘못을 지적하지 않아도 스스로 자신의 가치를 낮추고 마음속에 열등감을 가지고 살아가는 것을 볼 수 있다. 사울 왕은 당시에 누구와도 비교할 수 없는 높은 위치에 있었던 사람이었다. 그러나 사울 왕은 자신이 왕이었음에도 불구하고 자신과는 비교할 수도 없는 처지에 있었던 소년 다윗과 자신을 비교하고 다윗이 왕이 될지도 모른다는 생각에 사로잡혀서 그를 미워하고 열등감 속에서 살아갔던 것이다.

오늘 우리는 어떤가? 우리도 주변의 누군가에게 열등감을 느끼고 자신도 모르게 그 사람과 자신을 비교하며, 나는 그 사람만 못하기 때문에 불행하다고 생각하며 살고 있지는 않은가? 친구가 좋은 집을 샀다고 하면 열등감에 시달리며 더 큰 집을 사려고 하고 주변 사람이 명품을 샀다고 하면 자신도 명품을 사려고 하고 필요도 없는 물건을 사면서 나 자신의 존재 가치를 그런 것으로 인정받으려고 하고 있지는 않은가?

우리는 열등감에서 벗어나야 한다. 다른 사람과 나를 계속해서 비교하지 말고 하나님이 내게 주신 나의 가치를 받아들이며 살아가야 한다. 하나님의 눈으로 나 자신을 바라보아야 한다. 하나님은 나를 사랑하셔서, 하나밖에 없는 그의 아들 예수님을 십자가에 내어 주시고 나를 구원해 주셨다. 그 정도로 나는 가치 있고 귀한 존재이다. 나도 괜찮은 사람이라는 사실을 잊지 말아야 한다. 이 순간도 하나님이 나를 사랑하고 인정하고 계신다는 것을 기억해야 한다. 나의 가치를 알고 열등감에서 벗어나자.

예비하시는 하나님을 믿으라[4)]

다윗이 골리앗을 쓰러뜨리자 이스라엘의 수많은 사람이 다윗을 칭송했다. 그러나 그럴수록 사울 왕의 상한 마음은 기승을 부리고 악령이 역사하여 다윗을 죽이려고 하였다. 그러나 하나님은 하나님을 의지하고 믿는 다윗과 함께하시고 그를 지켜 주셨다. 오늘 본문의 말씀을 통하여 우리에게 주시는 말씀은 무엇일까?

하나님은 고난 가운데서도 은혜를 예비하고 계신다

사울 왕은 다윗에게 블레셋 군인 백 명을 죽이라는 명령을 내렸다. 다윗이 성공하면 자신의 딸 미갈을 아내로 주겠다는 것이다. 사울은 다윗이 블레셋 군인을 죽이러 갔다가, 전쟁에서 죽기를 바라는 마음에서 명령을 내린 것이다. 다윗은 죽을지도 모르

---

4)   삼상 21:1~6.

는 고난의 순간에도, 하나님을 의지했다. 하나님은 고난의 순간에도 다윗과 함께하시고 그를 건져 주시는 은혜를 베풀어 주셨다. 블레셋의 손에서 건져 주시고 살길을 열어 주신 것이다. 사울은 오히려 이 사건을 통하여 하나님이 다윗과 함께하고 계심을 알게 되었다. 하나님은 우리의 삶에 다가오는 어려움, 고난의 문제 가운데서도 우리와 함께하시고 우리에게 주실 은혜를 예비하고 계신다.

하나님은 고난을 통하여 우리를 깨뜨리시고 훈련시키신다. 고난은 나 자신을 의지하고 나 중심으로 교만하게 살았던 삶의 태도를 깨뜨리고 더욱 하나님을 의지하고 살아가는 사람으로 훈련시킨다. 이스라엘 백성들이 애굽에서 나와서 가나안 땅에 들어가기 전에 하나님은 그들에게 광야를 지나게 하셨다. 하나님은 이스라엘 백성들이 광야를 지나면서 자신을 의지하고 자기 생각대로 살았던 것에서 돌이켜서 하나님을 의지하고 하나님의 말씀에 순종하며 사는 사람으로 변화시키셨다. 인생에 필요한 모든 것이 하나님으로부터 온다는 것을 깨닫고 전적으로 하나님만을 의지하고 살도록 훈련시키셨다. 오늘 우리도 고난을 통과하고 있지 않은가? 어떤 어려움이 있든지, 그 순간 하나님이 우리를 위하여 모든 것을 예비하고 계심을 잊지 말자.

하나님은 돕는 사람을 예비하고 계신다

사울 왕이 다윗을 죽이려고 할 때 하나님은 다윗의 주변에 돕는 사람을 붙여 주셨다. 요나단은 사울 왕의 아들이다. 사울 왕은 번번이 다윗을 죽이려고 했으나, 그런 위기가 다가올 때 요나단은 다윗을 도와서 사울 왕이 다윗을 죽이지 못하도록 다윗이 빠져나갈 수 있는 기회를 만들어 주었다. 이것이 은혜이다. 요나단은 아버지의 명령을 어기면서까지 다윗을 사랑하고 그의 생명을 보호해 주었다. 요나단은 고난의 시기에 하나님께서 다윗에게 보낸 사람이었다. 오늘도 하나님은 우리에게도 돕는 사람들을 예비하시고 보내 주셔서 우리를 지켜 주신다.

사울이 다윗을 죽이려고 하자, 사울 왕의 딸, 미갈은 다윗을 창문으로 도망치게 하고 침상을 마치 다윗이 자는 것처럼 꾸며서 다윗을 살려 주었다. 사울 왕이 다윗을 죽이려고 해도, 사울의 아들과 딸이 다윗을 도와주고 살려 주었다. 오늘 우리도 위기를 만나고 고난을 만날 때, 하나님은 우리에게 돕는 사람들을 보내 주신다. 그래서 우리가 고난을 잘 극복하고 승리의 삶을 살 수 있도록 인도해 주신다. 우리는 어떤 고난이 있어도 낙심하거나 포기하지 말고 하나님의 도움을 기대하며 믿음으로 살아가자. 하나님은 우리를 고난 가운데서도 인도하시고 도와주신다.

하나님은 구하는 사람에게 응답을 예비해 주신다

다윗이 사울을 피하여 '놉' 지방에 가서 제사장 아히멜렉에게 도착했을 때 무척이나 배가 고팠다. 그래서 제사장에게 먹을 것을 구하니, 제사장은 하나님의 전에 두었다가 물려 나온 진설병 떡이 있다고 이야기했다. 아히멜렉 제사장은 그 진설병을 다윗에게 주어서 먹게 하였다. 다윗이 구하니 얻게 된 것이다. 우리는 날마다 하나님이 우리를 위하여 예비하고 계심을 믿고 믿음으로 구해야 한다. 예비하신 하나님이 우리가 구할 때 우리에게 모든 것을 채워 주신다. 다윗은 떡을 먹은 후 자신에게 무기가 없음을 이야기하면서 제사장에게 무기가 없는지 물었다. 그러자 제사장은 다윗이 골리앗을 죽일 때 썼던 골리앗의 칼이 그곳에 있다고 말했다.

> [9] 제사장이 이르되 네가 엘라 골짜기에서 죽인 블레셋 사람 골리앗의 칼이 보자기에 싸여 에봇 뒤에 있으니 네가 그것을 가지려거든 가지라 여기는 그것밖에 다른 것이 없느니라 하는지라 다윗이 이르되 그 같은 것이 또 없나니 내게 주소서 하더라(삼상 21:9)

하나님은 구하는 사람에게 주신다. 다윗이 무기를 구할 때 제사장이 그에게 골리앗의 무기를 내어 준 것처럼, 하나님은 오늘도 우리가 하나님께 간구할 때 우리의 모든 것을 채워 주시고 놀라운 선물을 주신다.

분노를 극복하라[5]

다윗은 바란 광야에 있을 때, 양털을 깎는 축제의 시기에 많은 양을 소유한 부자 '나발'에게 자신의 병사들에게 먹일 음식을 나누어 줄 것을 요청하였다. 당시에 양털을 깎는 축제의 시기에는 사람들에게 너그럽게 음식을 나누어 주며, 나그네와 어려운 환경에 있는 사람들에게 후한 대접을 하는 풍습이 있었기 때문이다. 그러나 나발은 다윗의 요청을 단호하게 거절하여 다윗을 분노하게 만들었다. 분노한 다윗은 나발을 죽이려고 했으나 나발의 지혜로운 아내 아비가일로 인하여 살인을 피할 수 있었다. 오늘 본문을 통하여 우리에게 주시는 말씀은 무엇일까?

---

5) 삼상 25:2~8.

베푸는 삶을 살아야 한다

나발은 재산은 많이 있었지만 베푸는 것을 모르는 인색한 사람이었다. 다윗과 그의 병사들이 나발의 양과 염소 주변에 있어서 나발의 양과 염소들을 지켜 주었는데도 불구하고 잔치 음식을 나누어 달라는 다윗의 청을 거절했다. 분노한 다윗은 나발을 죽이려고 군사를 일으켰다. 사람들은 서로 어울려 사는 것이다. 부유한 사람은 가난한 사람에게 나누어 주고 베풀어 주고 살아가는 것을 하나님이 기뻐하신다.

우리는 청지기라는 사실을 기억해야 한다

누가복음 16장을 보면, 한 청지기의 이야기가 나온다. 청지기는 주인의 모든 것을 맡아서 관리하는 사람이다. 본문에 나오는 주인은 하나님을 의미하고 청지기는 우리를 의미한다. 청지기는 사람들에게 나누어줄 줄 모르고 인색하게 살았다. 그러나 주인은 나누어 주고 베풀어 주는 삶을 살기를 원했다. 주인은 청지기가 사무를 옳게 하지 못하므로, 청지기 직을 그만두게 하려고 했다. 청지기 직을 그만둔다는 것은 인생의 청지기 직을 마치고 세상을 떠나는 것을 의미하는 것이다. 그제야 청지기는 자신이 세상을 떠나면 이 모든 재산이 아무 의미가 없다는 것을 알게 되었다. 청지기는 그제야 나누어 주고 베풀어 주는 사람이 되었다는 것이 성경의 내용이다.

오늘 우리는 하나님이 주신 물질, 시간, 건강을 가지고 이웃들과 나누며 살아가는 청지기 같은 사람이 되어야 한다. 하나님은 우리가 이웃들에게 나누어 주고 베풀어 주는 지혜로운 청지기로 살아가기를 원하신다.

분노를 극복하라

사울의 상한 마음이 열등감이라고 한다면, 다윗의 상한 마음은 분노였다. 다윗은 자신이 골리앗을 죽이고 전쟁에서 큰 공을 세웠음에도 불구하고 사울 왕이 자신을 죽이려고 할 때 그 마음속에는 이루 말할 수 없는 분노가 생겼을 것이다. 용수철이 누르면 누를수록 더 큰 반동으로 튀겨나가는 것처럼, 사람 마음의 분노도 그와 같다. 다윗이 자기 마음의 분노를 해결하지 않고 단순히 분노를 억누르고 살아갈 때 나발의 거절은 다윗에게 분노를 폭발하게 하는 원인이 되었다. 다윗은 자신이 나발에게 선의를 베풀어 그의 양들을 지켜 주었는데, 자신의 의견을 묵살하고 잔치 음식을 나누어 주는 것을 거절하자, 감추어 두었던 분노가 폭발해 버린 것이다. 그래서 다윗은 나발을 죽이겠다고 결심하게 된 것이다.

상한 마음은 치유받아야 한다. 그렇지 않으면 언제, 어디서 폭발할지 알 수 없기 때문이다. 오늘 우리에게 상한 마음이 있는가? 예수님께 우리의 상한 마음을 가지고 나와 치료의 은혜 가운데서 살아가자.

> [28] 수고하고 무거운 짐 진 자들아 다 내게로 오라 내가 너희를
> 쉬게 하리라(마 11:28)

우리의 마음에 있는 분노의 짐을 예수님께 맡기자. 예수님은 우리에게 평안을 주시고 승리의 삶을 살 수 있게 하신다. 하나님이 주시는 지혜를 받아서 살자. 나발의 아내 아비가일은 다윗이 나발을 죽이려고 달려온다는 소식을 듣자마자, 급하게 떡 2백 덩이를 준비하고 포도주 두 가죽 부대, 양 다섯 마리 등으로 음식을 준비하고 다윗을 맞으러 나갔다.

문제가 다가올 때 지체하지 말아야 한다. 아비가일은 다윗이 나발을 죽이려고 다가올 때 지체하지 않았다. 사람들은 문제가 있으면 그것을 뒤로 미루려는 경향이 있다. 문제가 다가올 때 과감하게 해결책을 찾아야 한다. 아비가일이 해결책을 찾지 않고 미루고 지체했다면 분노한 다윗이 나발을 죽였을 것이다.

배고픈 사람에게는 대화하기 전에 먼저 음식을 주어야 한다. 아비가일은 배고픈 다윗에게 먼저 음식을 준비해 주었다. 성난 다윗은 나발에게 가는 길에 아비가일이 보낸 음식을 먼저 보게 되었다. 그 먹음직한 음식을 보면서, 다윗의 분노했던 마음이 많이 가라앉았을 것이다. 사람은 이성적인 존재이기도 하지만, 배가 고프면 자신도 모르게 감정적으로 흐르기 쉽다. 부부 싸움을 하는 부부들도 식사를 하지 않은 상태에서는 더욱더 날카로워지기 쉽다. 그래서 부부싸움을 하기 전에 먼저 식사를 하라는 이야기가 있다. 사람은 식사를 하면 마음이 느긋해진다. 아비가일은 다윗에게 먼저 음식을 공급함으로써 그의 분노가 가라앉기를 기다렸다.

겸손하게 요청하라. 사무엘상 25장 23절에 보면, 아비가일은 다윗을 만나자마자 나귀에서 내려 다윗의 앞에 엎드려 그 얼굴을 땅에 대었다고 말하고 있다. 아비가일은 다윗의 발 앞에 엎드려 모두가 자신의 죄라고 말하고 자신의 말을 들어줄 것을 간청했다. 이렇게 겸손하게 사정을 하는데 어떻게 그냥 지나칠 수가 있겠는가? 다윗은 자신의 앞에서 사정하는 여인의 말을 들어 줄 수밖에 없었다. 아비가일은 떡을 주지 않았다고 다윗이 나발을 죽인다면 나중에 왕이 되어서도 두고두고 흠이 될 것이라고 이야기해 주었다. 그제야 다윗은 정신이 들었다. 아비가일은 다윗이 일평생 후회할 일을 막은 것이다.

우리는 마음속에 있는 분노를 누르고 살아갈 때가 많다. 그러다가 분노를 자극하는 사건이 생기면 스스로도 놀랄 정도로 분노를 폭발시키게 된다. 우리는 예수님께 나아가 우리가 가지고 있는 상한 마음을 고백하고 십자가의 은혜로 치유받아야 한다. 오늘도 치료의 예수님이 저와 여러분의 상한 마음을 치료해 주신다.

고통받는 이웃을 사랑하라[6]

우리는 때로 고난을 만난다. 우리가 당하는 고난 가운데 의미 없는 고난은 없다. 우리는 고난을 통과한 경험이 있으면 다른 사람의 고난을 더욱 이해하게 되고 고난당하는 사람들을 긍휼히 여기게 되며 그들을 돕고 싶어 하는 마음이 생기게 된다. 다윗도 고난을 당했기 때문에 자기 주변에 고난당하는 사람들이 아둘람 굴에 모여들었을 때 그들을 돌보고 위로할 수 있는 사람이 되었다. 오늘 본문의 말씀을 통하여 우리에게 주시는 진리는 무엇인가?

고통받는 이웃을 기억하라

다윗의 주변에 모여든 사람들은 당시 이스라엘 백성들 가운데서 버림받은 사람들이다. 특히, 다윗의 가족들은 다윗으로 인하

---

6) 삼상 22:1~8.

여 사울에게 미움을 받고 목숨의 위협을 당해서 이제는 아예 다윗에게로 온 것이다. 다윗의 주변에는 환난당한 자가 모여들었다. 우리는 인생을 살아가면서 환난을 당한다.

> [33] 이것을 너희에게 이르는 것은 너희로 내 안에서 평안을 누리게 하려 함이라 세상에서는 너희가 환난을 당하나 담대하라 내가 세상을 이기었노라(요 16:33)

우리가 담대하게 하나님을 의지하고 나아갈 때 하나님은 환난이 변하여 복이 되게 하신다. 다윗의 주변에는 빚진 자와 마음이 원통한 자가 모였다.

> [2] 환난당한 모든 자와 빚진 모든 자와 마음이 원통한 자가 다 그에게로 모였고 그는 그들의 우두머리가 되었는데 그와 함께 한 자가 사백 명가량이었더라(삼상 22:2)

다윗에게 모여든 사람들은 어디에서도 위로받을 수 없는 사람들이었다. 다윗은 자신이 먼저 고난을 받았기에 주변의 고난당하는 사람에게 힘을 주고 위로를 줄 수 있었다. 오늘 우리도 수변에 고통받는 이웃들에게 위로와 평안을 나누어 줄 수 있는 사람이 되자.

하나님은 먼저 준비하신다

> [3] 다윗이 거기서 모압 미스베로 가서 모압 왕에게 이르되 하나님
> 이 나를 위하여 어떻게 하실지를 내가 알기까지 나의 부모가 나와
> 서 당신들과 함께 있게 하기를 청하나이다 하고(삼상 22:3)

다윗은 자신에게 온 부모가 자신과 함께 있을 때 큰 화를 당할
지 모르기 때문에 부모를 모압 지방으로 피신하도록 했다. 다윗
은 자신의 부모를 모압 왕에게 부탁했다. 다윗은 왜 자신의 부모
를 모압 왕에게 부탁했을까? 여기에는 하나님이 다윗의 가문을
위하여 준비하신 놀라운 은혜가 있다.

우리는 룻기를 통하여 나오미의 가정이 흉년으로 인하여 모압
땅으로 내려가게 된 것을 알고 있다. 그곳에서 나오미는 남편을
잃고 두 아들을 잃었으며, 모압의 며느리 룻과 함께 베들레헴으
로 돌아왔다. 아무것도 가진 것이 없던 나오미와 룻은 베들레헴
에서 자신들을 도와주는 보아스를 만나게 되었다. 보아스는 나
오미의 잃은 재산을 되찾게 해 주고 룻과 결혼을 하여 나오미와
룻의 모든 것을 채워 주었다. 여기서 우리가 주목해야 할 사실은
보아스와 룻 사이에 태어난 사람이 오벳이며, 오벳의 아들이 이
새이고 이새의 아들이 다윗이라는 점이다. 이렇게 다윗은 모압과
연결되어 있었다.

아무도 다윗을 도울 수 없는 위기의 순간에 하나님은 이미 모압 사람 룻을 통하여 다윗의 가문과 모압 사람들이 연결되도록 예비해 두신 것이다. 그런 이유로 다윗이 모압 왕에게 자신의 부모를 부탁할 때 모압 왕은 자신의 동족과 연결되어 있는 다윗을 거절할 수 없었다. 하나님은 놀라운 은혜를 미리 준비하고 계신다.

두려워하지 말라

> [6] 사울이 다윗과 그와 함께 있는 사람들이 나타났다 함을 들으니라 그때에 사울이 기브아 높은 곳에서 손에 단창을 들고 에셀 나무 아래에 앉았고 모든 신하들은 그의 곁에 섰더니(삼상 22:6)

다윗이 유다 지방으로 올라가라는 선지자의 말을 듣고 유다 지방에 올라오자, 사울 왕은 손에 단창을 들고 에셀 나무 아래 있었다. 사울은 점점 과대망상과 두려움에 시달리기 시작했다. 자신의 신하들이 공모하여 자신을 대적하고 자신의 아들 요나단도 다윗과 맹약하여 자신을 죽이려고 한다고 생각했다. 요나단이 왜 아버지를 죽이려고 하겠는가? 사울의 신하 가운데서도 사울을 죽이려는 사람은 아무도 없었다. 사울은 점점 더 주변의 사람들을 믿지 못하고 신경이 곤두섰다. 아무도 사울을 죽이려는 사람이 없었지만, 사울은 자신의 주변에 있는 사람들 가운데 누가

자기를 죽일지 몰라서 두려워 떨고 있었다. 그래서 그는 평소에도 손에 단창을 들고 있었다. 사울이 다윗을 죽이려고 혈안이 되어 있다 보니, 다윗도 자신을 죽일 것이라는 두려움 속에서 살게 된 것이다. 하나님은 우리에게 두려워하지 말라고 말씀하신다. 하나님은 아브라함에게 두려워하지 말라고 말씀하셨다.

> [1] 이후에 여호와의 말씀이 환상 중에 아브람에게 임하여 이르시되 아브람아 두려워하지 말라 나는 네 방패요 너의 지극히 큰 상급이니라(창 15:1)

아브라함은 자신에게 말씀하신 하나님의 약속이 이루어질 것 같지 않아서 두려웠다. 그러나 하나님은 그에게 두려워하지 말라고 말씀하셨다. 하나님이 방패요, 상급이시기 때문이다. 하나님을 의지하고 믿고 모든 두려움을 하나님께 맡기고 살아가자. 우리는 우리 주변의 고통받는 이웃을 기억해야 한다. 하나님은 우리가 상상하지 못하는 것을 이미 준비하고 계신다. 하나님께 모든 것을 맡기고 두려워하지 말고 살자.

하나님의 음성에 집중하라[7]

    다윗은 수많은 문제를 만났으나 어떤 문제 속에서도 하나님의 음성에 귀를 기울이고 기도함으로써 문제를 극복하고 승리의 삶을 살 수 있었다. 오늘 본문의 말씀을 통해서 우리에게 주시는 하나님의 말씀은 무엇일까?

고난당하는 사람을 긍휼히 여기자

    [1] 사람들이 다윗에게 전하여 이르되 보소서 블레셋 사람이 그일 라를 쳐서 그 타작마당을 탈취하더이다 하니(삼상 23:1)

    그일라 사람들이 블레셋의 공격을 당해서 타작마당을 탈취당했다는 소식을 들었을 때 다윗은 그들을 도와야겠다는 생각이

---

7)   삼상 23:1~5.

들었다. 다윗 자신도 사울 왕의 추격을 당하고 있는 상황이었기 때문에 누구를 도울 만한 형편이 아니었다. 다윗이 그일라를 도우려고 했다가 자신이 어디에 있는지 드러나게 되면, 자신의 목숨도 위태로워질 것이기 때문이었다. 다윗은 그일라 사람들이 고통 가운데 있다는 말을 듣고 깊은 고민에 빠졌다. 다윗은 아직 이스라엘의 왕도 아니었다. 그러나 이스라엘 백성들이 어려움을 당하고 블레셋 사람들로부터 탈취당했다는 이야기를 듣자, 그는 그일라 사람들을 도와야겠다는 생각을 떨쳐 버릴 수가 없었다.

다윗이 대단한 것은 자신도 어려움 속에 있었지만, 고난을 당하는 사람들을 돕겠다는 생각을 갖고 있었다는 것이다. 오늘 우리도 이런 생각을 가지고 살아야 한다. 우리는 자신의 문제만을 바라보고 살 것이 아니라, 우리 주변에서 어려움을 당하는 사람들, 고난받는 사람들에게도 사랑의 손길을 펼쳐야 한다. 우리 주변에서 가장 큰 어려움을 당하는 사람들은 누구인가? 경제적으로 고통받는 사람도 어려움을 당하는 사람이지만, 가장 큰 어려움을 당하는 사람은 하나님을 모르고 살아가는 사람이다. 우리는 우리 주변에서 하나님을 모르고 살아가는 사람들을 향해서 구원의 손길을 펼쳐야 한다.

하나님의 음성에 집중해야 한다

다윗은 블레셋과 전쟁하기 전에 자신이 그들과 싸워야 하는가에 대하여 먼저 하나님께 기도하였다. 다윗의 눈으로 볼 때는 그 당시에 자신이 블레셋과 전쟁하는 것이 지혜롭게 보이는 일이 아니었기 때문이다. 다윗은 그의 마음에 그일라를 도우라는 마음이 생기는 것이 자기의 생각인지, 아니면 하나님께서 인도하시는 마음인지 알기를 원했다.

> [2] 이에 다윗이 여호와께 묻자와 이르되 내가 가서 이 블레셋 사람들을 치리이까 여호와께서 다윗에게 이르시되 가서 블레셋 사람들을 치고 그일라를 구원하라 하시니(삼상 23:2)

다윗이 하나님께 "블레셋을 치리이까?"라고 기도하니, 하나님은 블레셋을 치고 그일라를 구원하라고 말씀하셨다. 다윗은 주변에 있는 사람들을 불렀다. 그리고 하나님께서 블레셋을 치고 그일라를 구원하라고 말씀하셨다고 이야기했다. 그러자 사람들은 다윗에게 말했다. "우리도 지금 도망 다니는 처지에 있는데, 이런 시기에 블레셋 군대를 쳐서 전쟁을 하는 것은 어렵지 않겠습니까?"라는 이야기였다. 다윗도 생각하지 못한 것은 아니었다. 그러나 다윗은 사람들이 그렇게 말한다고 해서 사람들의 말에 귀를 기울이고 그렇게 결정하지는 않았다. 다윗은 하나님께 나가서 다시 기도했다.

> [4] 다윗이 여호와께 다시 묻자온대 여호와께서 대답하여 이르시
> 되 일어나 그일라로 내려가라 내가 블레셋 사람들을 네 손에 넘기
> 리라 하신지라(삼상 23:4)

다윗이 다시 기도하니 하나님은 "내가 블레셋 사람들을 네 손에 넘기리라"라고 말씀하셨다. 다윗은 하나님의 음성에 귀 기울이고 하나님의 음성에 집중하는 사람이었다. 사람들의 이야기도 들어보았지만, 결국은 하나님의 말씀에 순종하기로 결론을 내렸다. 우리도 하나님의 말씀에 귀를 기울이고 하나님의 말씀에 순종하기로 결단해야 한다.

하나님을 의지하고 담대하게 나아가라

> [5] 다윗과 그의 사람들이 그일라로 가서 블레셋 사람들과 싸워
> 그들을 크게 쳐서 죽이고 그들의 가축을 끌어 오니라 다윗이 이
> 와 같이 그일라 주민을 구원하니라(삼상 23:5)

다윗은 하나님의 말씀대로 그일라로 가서 블레셋 사람들과 싸웠다. 다윗은 블레셋을 쳐서 큰 승리를 거두었다. 어떻게 다윗이

승리를 거두게 되었는가? 오로지 하나님의 말씀에 귀를 기울이고 하나님을 의지했기 때문이다. 하나님의 말씀에 순종하고 믿음으로 살았던 다윗에게 하나님이 승리를 주신 것이다. 다윗은 자신이 하나님을 의지할 때 도움을 얻었다고 고백한다.

> [7] 여호와는 나의 힘과 나의 방패이시니 내 마음이 그를 의지하여 도움을 얻었도다 그러므로 내 마음이 크게 기뻐하며 내 노래로 그를 찬송하리로다(시 28:7)

다윗은 시편 37편 5절에서 "네 길을 여호와께 맡기라 그를 의지하면 그가 이루시고"라고 고백했다. 오늘 우리도 다윗과 같이 우리 주변의 고난당하는 사람들에게 사랑의 손길을 펴고 복음을 전하자. 하나님의 음성에 집중하여 순종하고 하나님을 의지하고 담대하게 승리의 삶을 살자.

인생 역전을 기대하라[8]

사울은 다윗을 찾다가 광야에 진을 쳤다. 다윗은 밤에 사울이 자고 있는 진을 향해서 부하 아비새와 같이 다가갔다. 사울은 진 가운데 누워서 자고 있었고 사울을 지키는 모든 사람도 자고 있었다. 아비새가 다윗에게 사울을 죽일 수 있는 절호의 기회라고 말하며 자신이 사울을 죽이겠다고 말하자, 다윗은 그를 만류했다. 그는 하나님의 때에 사울이 죽을 것이기 때문에 자신의 손으로 하나님의 기름 부음 받은 자를 직접 죽이기를 원치 않았다. 오늘 본문을 통하여 우리에게 주시는 하나님의 말씀은 무엇인가?

하나님의 때를 기다리자

다윗은 엔게디 동굴에서 사울을 죽일 기회가 있었는데도 죽이

---

8) 삼상 26:21~25.

지 않았다. 그리고 또다시 진영의 가운데서 자고 있는 사울을 죽일 수 있었는데도 죽이지 않았다. 다윗은 하나님이 하나님의 때에 사울을 제거해 주시고 자신을 높여 주실 것을 믿었기 때문이다. 다윗은 하나님을 앞서서 행동하지 않았다. 다윗은 하나님의 때를 기다렸다. 다윗은 지금 자신이 사울을 죽이면 이제는 도망다니지 않아도 되고 빨리 왕이 될 수도 있다는 사실을 모르는 것이 아니었다. 그러나 그는 그러지 않았다. 하나님의 시간에 맡기고 모든 것을 내려놓았다. 하나님이 하나님의 때에 이루실 것을 믿었기 때문이다. 하나님을 의지하고 하나님의 나라와 하나님의 의를 구하며 살자. 그러면 하나님은 하나님의 때에 모든 것이 합력하여 선을 이루게 하신다.

매일 깨어 있어야 한다

[12] 다윗이 사울의 머리 곁에서 창과 물병을 가지고 떠나가되 아무도 보거나 눈치채지 못하고 깨어 있는 사람도 없었으니 이는 여호와께서 그들을 깊이 잠들게 하셨으므로 그들이 다 잠들어 있었기 때문이었더라(삼상 26:12)

다윗을 잡으러 온 사울이 진영의 중심에서 자고 있는데 사울을 지키는 군사들은 사울을 지키지 않고 자고 있었다. '설마 무슨 일이 있겠는가?' 하는 생각으로 방심하고 잠을 잔 것이다. 그런 방심의 순간을 틈타서 다윗은 사울이 자고 있는 진영에 한밤중에 다가와서 사울의 창과 물병을 가져갔다. 사울 왕뿐만 아니라, 왕을 지키지 않고 잠든 군사들도 큰 일을 당할 수 있었던 것이다. 우리는 영적으로 깨어 있어야 한다. 잠들지 말아야 한다. 우리에게도 언제 어떤 일이 있을지 아무도 모른다. 우리는 영적으로 깨어있는 파수꾼이 되어야 한다.

예수님은 제자들에게 깨어서 기도하라고 말씀하셨다.

[41] 시험에 들지 않게 깨어 기도하라 마음에는 원이로되 육신이 약하도다 하시고(마 26:41)

베드로는 근신하고 깨어 있어야 한다고 말했다.

[8] 근신하라 깨어라 너희 대적 마귀가 우는 사자 같이 두루 다니며 삼킬 자를 찾나니(벧전 5:8)

다윗은 건너편으로 가서 멀리 산꼭대기에 서서 외쳤다. 사울왕을 지키는 아브넬 장군이 왕을 보호하지 않고 자고 있는 사이에 사울 왕의 창과 물병을 가져갔으므로, 사울을 지키지 않은 아브넬을 꾸중하였다. 왕을 지키는 사람이 그 사명을 게을리할 때 왕의 생명이 위태롭게 된다고 이야기했다. 아브넬에게 왕을 제대로 지키라고 다윗은 말하였다. 오늘 우리도 우리에게 맡긴 사명을 다하며 살아야 한다.

하나님은 역전극을 만드신다

다윗은 자신이 사울을 죽일 기회가 있었음에도 불구하고 사울을 죽이지 않았다고 말하며, 더 이상 자신의 피를 흘리기 위해서 애쓰지 말아 달라고 사울 왕에게 호소했다. 사울은 자신이 죽을 수도 있었음을 깨닫고 자신의 생명을 살려준 다윗을 축복하였다. 자신을 죽일 기회가 있었음에도 불구하고 그렇게 하지 않은 다윗을 보면서 그는 다윗이 큰 일을 할 것이며, 반드시 승리할 것이라고 고백했다.

> [25] 사울이 다윗에게 이르되 내 아들 다윗아 네게 복이 있을지로다 네가 큰 일을 행하겠고 반드시 승리를 얻으리라 하니라 다윗은 자기 길로 가고 사울은 자기 곳으로 돌아가니라(삼상 26:25)

사울은 다윗이 자신을 죽일 기회가 있었다는 이야기를 듣고 소름이 끼쳤을 것이다. 자신은 다윗을 죽이려고 했지만, 다윗이 자신을 죽이지 않았음에 부끄러워졌을 것이다. 그래서 오히려 다윗을 잡으러 왔다가 다윗을 축복한 것이다. 하나님은 하나님을 의지하는 다윗에게 역전승을 하게 하셨다. 오늘 우리도 하나님의 때를 기다려야 한다. 매일 영적으로 깨어 있는 채로 기도하자. 하나님을 의지할 때 하나님이 인생의 역전승을 이루게 하신다.

하나님의 인도하심을 구하라[9]

다윗과 그의 군사들의 가족들은 시글락에 살고 있었다. 다윗과 모든 군사가 블레셋 지역에 가 있는 사이에 아말렉이 쳐들어와서 시글락을 불사르고 모든 여인과 자녀들을 사로잡아갔다. 다윗의 아내와 아이들도 모두 사로잡혔다. 다윗을 따르는 백성들은 아내와 자녀들을 잃은 슬픔에 다윗을 돌로 치려고 하였다. 다윗에게 일생일대의 위기가 다가온 것이다. 그러나 다윗은 위기 속에서도 하나님의 인도하심을 구하고 하나님을 의지함으로써 위기를 극복하였다. 오늘 본문이 우리에게 주시는 진리는 무엇일까?

위기가 다가올 때 하나님을 의지하라

[6] 백성들이 자녀들 때문에 마음이 슬퍼서 다윗을 돌로 치자 하

---

9)　삼상 30:1~10.

니 다윗이 크게 다급하였으나 그의 하나님 여호와를 힘입고 용기를 얻었더라(삼상 30:6)

다윗은 하나님을 의지할 때마다 하나님께서 자신을 도와주신다는 것을 알고 있었다. 그는 위기를 만날 때 하나님을 의지하고 하나님의 은혜를 구했다. 그럴 때 하나님께서는 그에게 힘과 용기를 주셨다. 하나님은 우리의 힘의 근원이 되신다. 우리의 모든 위기를 극복할 수 있게 하는 힘의 원천이 되신다. 다윗은 그가 사망의 음침한 골짜기를 지나는 것 같은 위기를 만나고 어려움을 만날 때에도, 하나님이 자신과 함께하심을 믿었다.

[4] 내가 사망의 음침한 골짜기로 다닐지라도 해를 두려워하지 않을 것은 주께서 나와 함께하심이라 주의 지팡이와 막대기가 나를 안위하시나이다(시 23:4)

우리도 힘들고 어려운 일을 만날 때가 있다. 그때 우리는 다윗과 같이 하나님이 나의 힘이 되심을 믿고 하나님을 의지하고 승리하는 삶을 살아가자.

이해가 되지 않아도 하나님의 말씀에 순종하라

하나님은 과거에 사울 왕에게 아말렉을 진멸하라고 명령하신 적이 있었다. 그러나 사울 왕은 하나님의 명령에 전적으로 순종하지 않고 부분적으로 순종했다. 아말렉의 왕 아각도 사로잡아 오고 아말렉의 살찐 양들도 끌고 왔다. 겉으로는 하나님의 말씀을 순종한 것 같았지만, 사실은 아말렉을 완전히 진멸하지 않고 부분적으로 순종했던 것이다. 사울의 불순종은 결국 큰 화근이 되었다. 사울이 남겨둔 아말렉인들이 다시 군대를 만들어서 시글락을 공격해 와서 결국 다윗의 사람들의 아내와 자녀들이 모두 사로잡혀 가게 된 것이다.

우리는 하나님의 뜻이 이해가 되지 않아도, 하나님의 말씀에 순종해야 한다. 내가 순종하지 않으면 내 가족과 이웃이 고통받을 수 있다. 우리는 하나님의 뜻을 이해하지 못해도 하나님의 말씀에 순종해야 한다. 사울은 자기 생각으로는 아말렉을 모두 진멸할 필요까지는 없으리라고 생각했을 것이다. 그러나 하나님은 아말렉이 계속해서 이스라엘 백성들에게 큰 걸림돌이 될 것을 알고 계셨기 때문에 아말렉을 진멸하라고 말씀하신 것이다. 우리는 하나님의 말씀이 이해가 되지 않더라도 그 말씀에 순종하며 살아야 한다. 하나님의 말씀을 순종할 때 하나님은 복을 주신다.

[1] 네가 네 하나님 여호와의 말씀을 삼가 듣고 내가 오늘 네게 명령하는 그의 모든 명령을 지켜 행하면 네 하나님 여호와께서 너를 세계 모든 민족 위에 뛰어나게 하실 것이라 [2] 네가 네 하나님 여호와의 말씀을 청종하면 이 모든 복이 네게 임하며 네게 이르리니 (신 28:1~2)

하나님의 인도하심을 구하라

다윗은 아말렉과 전쟁하기 전에 먼저 제사장에게 에봇을 가져오게 했다. 그리고 하나님의 뜻이 무엇인지 먼저 물었다. 과연 전쟁을 하는 것이 옳은지, 아니면 전쟁을 하지 말아야 하는지 다윗은 하나님께 여쭈어보았다. 아내와 아이들이 포로로 잡혀갔는데 어떻게 전쟁을 안 할 수 있겠는가? 그러나 다윗은 자신의 분노에 이끌리어 전쟁하기보다는 하나님의 인도하심 속에서 전쟁하기를 원했다. 하나님의 인도하심이 없는 전쟁은 실패로 끝날 수 있기 때문이다. 하나님의 인도하심을 구하는 사람에게 하나님은 놀라운 길을 열어 주신다. 다윗이 아말렉을 추격하여 가던 중에 우연히 들에서 지쳐 쓰러져 있는 애굽 사람 한 명을 만나게 되었다. 다윗은 그를 불쌍히 여겨 그에게 떡을 주고 물을 마시게 했다. 무화과와 건포도를 그에게 주었다. 그는 사흘 밤낮 동안 떡도 먹지 못하고 물도 마시지 못했던 사람이었다.

식사 후에 다윗은 그가 누군지 물었다. 그러자 놀랍게도 그 사람은 아말렉 사람의 종인데, 자신이 병들자 주인이 자신을 버렸다고 했다. 그러자 다윗이 자신을 아말렉이 있는 곳으로 인도할 수 있겠느냐고 하자, 그 애굽인은 다윗에게 그러겠다고 했다. 다윗이 애굽 사람을 불쌍히 여기고 그에게 먹이고 마시게 해 준 것이 그 사람의 마음에 감동을 준 것이다. 그래서 다윗은 아말렉의 위치를 알게 되어 쳐들어가서 큰 승리를 거두고 가족들을 모두 되찾을 수 있었다. 어려움을 당하는 이웃을 불쌍히 여기는 사람에게 하나님은 은혜를 베풀어 주신다. 우리는 인생을 살아가면서 예상치 못한 위기를 만난다. 그럴 때 우리는 하나님을 의지해야 한다. 이해가 되지 않아도 하나님의 말씀을 순종하고 살아야 한다. 하나님의 인도하심을 구하고 어려움을 당한 이웃들에게 사랑을 베풀며 살아가야 한다.

제 2 장

우리가 기억해야 할 중요한 가치

상한 마음을 치유하라[10]

　우리는 살아가면서 마음먹은 대로 일이 되지 않을 때 초조해하고 염려할 때가 있다. 그러나 우리의 뜻대로 되지 않는다고 할지라도, 하나님을 의지하고 살아가는 사람들에게 하나님은 하나님의 방법으로 일을 이루어 주신다. 다윗을 죽이려는 사울의 끈질긴 시도는 끝날 것 같지 않았지만, 때가 되니 결국 사울은 전쟁에서 죽게 되었고 다윗에게는 왕이 될 기회가 다가왔다. 오늘 본문을 통하여 우리에게 주시는 교훈은 무엇일까?

열등감은 인생을 병들게 만든다

　하나님은 사울이 하나님의 말씀에 불순종하여 자기 뜻대로 살려고 하자, 이스라엘 왕의 자리에서 내려오게 하시고 다윗을 왕

---

10)　삼하 1:1~10.

으로 세우려고 하셨다. 그러나 사울은 자신의 왕좌를 내놓으려고 하지 않았다. 오히려 사울은 다윗을 죽이려고 혈안이 되었다. 왜 사울은 이런 사람이 되었을까? 사울의 열등감에서 그 원인을 찾을 수 있다. 열등감은 사람을 망가뜨린다. 사울은 아말렉을 진멸하라는 하나님의 말씀에 순종하지 않고 자기 뜻대로 살았다. 다윗이 골리앗을 쓰러뜨린 후, 전쟁이 끝나고 돌아올 때 이스라엘의 여인들이 부른 "사울은 천천이요, 다윗은 만만이라"라는 노래를 듣고 사울의 마음속에서는 큰 열등감이 올라왔다. 자신과 다윗을 비교하면서 고통 가운데 있었다.

다윗은 목동 출신의 소년이고 사울은 왕이었기 때문에 사울에게 있어서 다윗은 자신과 비교할 대상이 못 되는 사람이었다. 그러나 사울의 마음속에 있는 열등감이 사울을 불행의 길로 이끌어 간 것이다. 자신의 왕좌를 다윗이 빼앗아 갈 것이라는 두려움이 그의 마음을 사로잡았다. 그 이후로 사울은 다윗을 죽이려고 20년을 따라다녔다. 자신이 살기 위해서는 다윗을 죽여야 한다는 생각이 그의 마음을 사로잡았다. 사울 왕은 국가의 중대사를 다 뒤로하고 다윗을 죽이려는 데 혈안이 되었다. 상한 마음의 포로가 되어 살아가는 것은 이렇게 무섭다.

사울 자신이 왕이 된 것도 자신의 힘으로 된 것이 아니라 하나님의 무조건적인 은혜로 된 것인데, 막상 왕의 자리에 올라가 보니 그 자리에서 내려오고 싶지 않았다. 사울의 마음속에 있는 치유되지 않은 열등감이 그를 괴물로 만들어 버린 것이다. 오늘 우리 마음속에는 열등감이 없는가? 자신도 모르게 누군가와 자신을 비교하면서 열등감에 시달리며 살고 있지는 않은가? 하나님은 우리 자신을 다른 사람과 비교하며 살지 말라고 말씀하신다. 우리의 있는 모습 그대로가 명품이고 하나님의 최고의 작품이라는 사실을 잊지 말아야 한다. 열등감에서 벗어난 삶을 살아가자.

인생은 안개와 같은 것이다

사울 왕은 결국 블레셋과의 전쟁에 나가서 전사했다. 인생이 얼마나 무상한가? 사울 왕은 정작 자신이 전쟁에 나가서 죽게 될 것은 알지 못하고 다윗을 죽이려고 그렇게 혈안이 되어 살아왔다. 사람은 한 치 앞을 알지 못한다. 그것이 인생이다. 인생은 아침에 피어나는 안개와 같다는 것을 잊지 말아야 한다. 야고보서 4장 14절은 "내일 일을 너희가 알지 못하는도다 너희 생명이 무엇이냐 너희는 잠깐 보이다가 없어지는 안개니라"라고 말한다. 우리는 안개와 같이 피었다가 사라지는 인생이라는 사실을 잊지 말아야 한다. 우리는 언제 이 세상을 떠날지 모르는 존재이다. 그래서 우리는 늘 누군가를 미워하고 열등감 속에서 살아가기보다는 매 순간 기뻐하고 감사해야 한다. 매 순간 은혜 가운데서 살아가는 저와 여러분이 되기를 바란다.

용서의 사람이 되자

다윗은 사울과 요나단이 죽었다는 소식을 듣고 슬퍼하였다. 그토록 다윗을 죽이려고 했던 사울 왕이었지만, 그가 블레셋과의 전쟁에서 죽었다는 소식을 들었을 때 다윗은 사울을 위하여 슬퍼하며, 슬픈 노래를 지어 사울과 요나단을 조상했다.

> [23] 사울과 요나단이 생전에 사랑스럽고 아름다운 자이러니 죽을 때에도 서로 떠나지 아니하였도다 그들은 독수리보다 빠르고 사자보다 강하였도다(삼하 1:23)

다윗은 사울과 요나단을 "사랑스럽고 아름다운 자"라고 말하고, "독수리보다 빠르고 사자보다 강한 사람들"이었다고 고백했다. 다윗은 자신을 그토록 죽이려고 했던 사울 왕을 사랑스럽고 아름다운 자라 노래하였다. 이런 일은 쉬운 일이 아니다. 이것이 바로 하나님의 은혜 가운데에서 사는 사람의 모습이다. 어떻게 다윗은 사울을 용서하며, 사울의 죽음을 슬퍼할 수 있었을까? 다윗은 사울이 열등감과 두려움의 포로가 되어 살아간 불쌍한 사람이었다는 것을 알았기 때문이다. 자신을 몇 번이나 죽이려고 했지만, 악신에 사로잡혀서 그렇게 했던 사울 왕을 불쌍히 여겼다. 결국 다윗은 자신을 죽이려는 사울 왕을 용서하고 그의 죽음을 슬퍼하며, 조사를 지어 불렀다. 다윗이 사울 왕을 용서할 수 있었던 것은 아무리 사울이 자신을 죽이려고 해도, 하나님의 은혜의 때가 오면 사울은 왕의 자리에서 내려오고 자신이 왕이 될 것을 믿었기 때문이다.

우리는 인생의 어려움을 만날 때 하나님이 우리와 함께하고 계심을 알아야 한다. 그 순간에도 하나님이 우리의 인생을 인도하고 계심을 믿어야 한다. 하나님의 은혜의 때가 우리에게 반드시 올 것을 믿고 살아야 한다. 우리도 치유되지 않은 상한 마음을 치유받고 상처를 준 사람을 용서하고 살아가자.

악을 선으로 갚으라[11]

사울이 세상을 떠난 후 다윗에게는 그동안 그렇게 자신을 추격하며 고통을 주었던 위협이 사라졌다. 이제 다윗은 이스라엘 왕으로서의 행보를 시작하게 되었다. 그러나 다윗은 모든 일을 시작하기 전에 먼저 하나님께 나아가 기도하였다. 하나님은 그의 기도를 들으시고 그의 사역에 복을 주시고 그를 유다 족속의 왕으로 세우셨다. 오늘 본문의 말씀을 통하여 우리에게 주시는 교훈은 무엇일까?

하나님의 말씀에 순종하며 살자

[1] 그 후에 다윗이 여호와께 여쭈어 아뢰되 내가 유다 한 성읍으로 올라가리이까 여호와께서 이르시되 올라가라 다윗이 아뢰되

---

11) 삼하 2:1~9.

어디로 가리이까 이르시되 헤브론으로 갈지니라(삼하 2:1)

다윗은 사울이 하나님의 말씀에 불순종하여 더 이상 왕이 될 수 없었던 것을 잘 알고 있었다. 그래서 다윗은 사울과는 달리, 어떤 일을 하기 전에 늘 하나님께 먼저 여쭈어보고 하나님의 뜻을 따라서 순종하며 살기를 원했다. 오늘 본문에도 보면, 다윗은 "내가 유다 한 성읍으로 올라가리이까?"라고 하나님께 기도하였다. 하나님이 헤브론으로 가라고 하니, 다윗은 두말하지 않고 그의 추종자와 그의 가족들을 데리고 헤브론으로 가서 각 성읍에 살게 하였다. 하나님의 말씀에 순종하니, 하나님은 유다 사람들을 통하여 다윗에게 기름 부어 유다 족속의 왕이 되게 하셨다.

[4] 유다 사람들이 와서 거기서 다윗에게 기름을 부어 유다 족속의 왕으로 삼았더라(삼하 2:4)

드디어 다윗이 왕이 되었다. 얼마나 오랜 세월 동안 고난과 위협 속에서 살았는가? 그러나 하나님의 때가 되니 드디어 다윗이 왕이 된 것이다. 다윗은 하나님께 감사를 올려 드렸다.

[1] 나의 힘이신 여호와여 내가 주를 사랑하나이다(시 18:1)

다윗은 모든 영광을 하나님께 돌리며, 하나님을 찬양했다. 우리도 하나님께 순종하고 하나님께서 이루신 모든 것에 대하여 하나님께 감사하며, 영광을 돌리며 살자.

악을 선으로 갚자

[5] 다윗이 길르앗 야베스 사람들에게 전령들을 보내 그들에게 이르되 너희가 너희 주 사울에게 이처럼 은혜를 베풀어 그를 장사하였으니 여호와께 복을 받을지어다(삼하 2:5)

사울 왕이 블레셋과의 전쟁에서 전사한 이후로 아무도 블레셋의 손에서 사울의 시신을 거둬 장례를 치르려는 사람이 없었으나 길르앗 야베스 사람들은 담대하게 블레셋에게 가서 사울의 시신을 수습하여 장례를 치렀다. 다윗은 사울의 장례를 치른 사람들이 길르앗 야베스 사람들이라는 것을 알고 전령을 보내어 그들을 축복하였다. 그들이 은혜를 베풀어 사울의 장례를 치렀으니, 하나님으로부터 복을 받으리라는 것이다. 하나님께서는 은혜와 진리를 베풀기를 원하시며, 자신도 선으로 베풀기를 원한다고 그들을 축복했다. 여기에 다윗의 위대함이 있다. 자신을 죽이려고 그렇게 따라다닌 사울 왕이 세상을 떠났을 때 슬퍼하였고 사울 왕을 위하여 장례를 치렀던 사람들을 축복한 것이다. 만약 다윗이 속이 좁은 사람이었다면 사울이 죽었을 때 기뻐했을 것이고 사울의 장례를 치른 사람들을 징계하였을 것이다. 그러나 다윗은 그 반대로 행했다. 다윗은 악에 지지 않고 선으로 악을 이긴 사람이었다. 자신을 괴롭힌 사울을 용서하고 긍휼히 여긴 사람이었다.

[21] 악에게 지지 말고 선으로 악을 이기라(롬 12:21)

예수님도 선으로 악을 이기셨다. 자신을 십자가에 못 박는 사람들을 위하여 기도하셨다.

[34] 이에 예수께서 이르시되 아버지 저들을 사하여 주옵소서 자기들이 하는 것을 알지 못함이니이다 하시더라(눅 23:34)

오늘 우리도 인생을 살아가면서 때로는 우리를 괴롭히고 어렵게 하는 사람들을 만난다. 그러나 다윗이 모든 것이 합력하여 선을 이루실 것을 믿고 믿음으로 살았던 것처럼, 우리도 모든 고난과 시험을 이기며 좋은 것으로 채워 주실 하나님을 바라보며 승리의 삶을 살아가자.

내 생각보다 하나님의 생각을 따라서 살자

사울이 세상을 떠나자, 아브넬은 사울의 아들 이스보셋과 함께 마하나님으로 가서 그곳에서 이스보셋을 왕으로 삼았다. 아브넬은 자신에게 주어진 기득권을 놓치기 싫었기 때문이었다. 마음속에 욕심이 있었다. 다윗을 섬기면 사울 왕의 아래서 자신이 누리던 모든 부귀영화를 잃어버릴 것이기 때문이다. 그는 다윗을 섬기기보다는 사울의 자손을 왕으로 세우고 자신이 그 뒤에서 모든 것을 누리려고 했다. 우리는 하나님이 우리에게 무엇을 원하시는가에 귀 기울여야 한다. 하나님이 원하시는 것이 다윗인지, 아니면 이스보셋인지 알아야 한다. 나의 욕심과 탐욕을 따라서 살지 말아야 한다. 무엇이 하나님의 뜻인지 하나님께 여쭈어보아야 한다. 결국 아브넬은 다윗과 계속해서 전쟁을 치르게 되었는데, 전쟁이 오래갈수록 아브넬의 군대는 약해져 갔다.

> [1] 사울의 집과 다윗의 집 사이에 전쟁이 오래매 다윗은 점점 강하여 가고 사울의 집은 점점 약하여 가니라(삼하 3:1)

왜 다윗의 집은 점점 강하여 갔는가? 하나님의 말씀을 순종하고 살았기 때문이다. 왜 사울의 집은 왜 점점 약하여 갔는가? 하나님의 말씀에 불순종하고 자기 생각과 탐심을 따라서 살았기 때문이다. 우리는 하나님의 뜻보다 내 뜻을 따라서 살 때가 많이 있다. 우리는 다윗처럼 하나님의 뜻을 구하며 말씀에 순종하며 살아야 한다. 우리의 삶에 악을 행하는 사람들도 용서하고 선을 행하며 살아서 악을 선으로 이기며 살아야 한다. 내 욕심을 따라서 살지 말고 하나님의 생각이 무엇인지 늘 묵상하고 하나님의 생각을 따라서 살아가자.

죄에서 돌아서라[12]

하나님은 다윗에게 기름을 부어 이스라엘의 왕이 되게 하셨으나, 다윗은 자신의 힘으로 사울을 쓰러뜨린 후에 왕이 되려고 하지 않고 끝까지 하나님이 일하실 것을 믿고 묵묵히 하나님의 시간을 기다렸다. 드디어 하나님의 때가 되어 다윗은 왕이 되었고 아직 통일되지 않았던 이스라엘도 통일이 되었다. 오늘 본문의 말씀이 우리에게 주시는 교훈은 무엇인가?

죄를 회개하고 죄에서 돌아서라

사무엘하 3장을 보면, 사울의 집에서 아브넬이 점점 권세를 잡아가고 있음을 보여 준다. 아브넬이 권세를 잡아가니, 그는 자신도 모르게 교만해져서 하지 말아야 할 일을 했다. 사울 왕의 첩

---

12)　삼하 3:6~8.

과 통간한 것이다. 그 사실을 당시의 왕이던 이스보셋이 알고 그 죄를 지적했다. 이스보셋의 지적을 듣고 아브넬은 분노했다. 죽을 사람을 살려 놓으니, 자신을 우습게 보았다는 것이다. 아브넬은 화가 나서 이 나라를 이스보셋의 손에서 빼앗아서 다윗의 손에 넘기려고 했다. 아브넬은 이스보셋을 섬기지 않고 다윗을 섬기고 살겠다고 생각했다. 아브넬은 다윗을 찾아갔다. 그러나 아브넬이 다윗에게 왔다는 이야기를 듣고 다윗의 부하인 요압 장군은 방심하고 있던 아브넬을 죽였다. 요압은 과거에 아브넬이 자신의 동생 아사헬을 죽인 복수를 했던 것이다. 인생은 예측할 수 없다. 아브넬은 이스보셋이 자신의 죄를 지적하였기 때문에 이스보셋의 나라를 다윗에게 주면, 다윗이 자신의 공을 인정해서 자신에게 살길이 열리고 부귀와 영화가 다가오리라고 생각하고 다윗에게 왔지만, 그 길이 자신의 마지막 길이 될 것은 몰랐다.

[23] 죄의 삯은 사망이요 하나님의 은사는 그리스도 예수 우리 주 안에 있는 영생이니라(롬 6:23)

우리도 인생을 살아가면서 죄를 회개하고 하나님께 돌이켜야 한다. 죄를 합리화하고 인간의 꾀를 의지하고 살아갈 때 더 큰 어려움이 다가올 수 있다.

위기의 순간에도 정직을 잃지 말라

사울의 왕국이 다윗에게 넘어오고 있는 이때 아브넬의 죽음은 다윗에게 큰 위기를 가져왔다. 아브넬이 다윗에게 왔다가 다윗의 사람인 요압에 의하여 죽었으니, 다윗은 오해를 받게 되었다.

> [31] 다윗이 요압과 및 자기와 함께 있는 모든 백성에게 이르되 너희는 옷을 찢고 굵은 베를 띠고 아브넬 앞에서 애도하라 하니라 다윗 왕이 상여를 따라가 [32] 아브넬을 헤브론에 장사하고 아브넬의 무덤에서 왕이 소리를 높여 울고 백성도 다 우니라(삼하 3:31~32)

다윗은 위기의 순간에 아브넬의 죽음을 슬퍼하고 애가를 지어 불렀다. 다윗은 해가 지기 전에 음식을 먹지 않겠다고 고백하면서 아브넬의 죽음을 슬퍼했다. 이것을 보고 이스라엘 백성들은 아브넬을 죽인 것이 다윗 왕이 아닌 것을 알게 되었고 두 나라 간에 전쟁은 일어나지 않았다. 위기의 순간에 아브넬의 죽음을 슬퍼하는 다윗의 진정성이 통한 것이다. 오늘 우리는 어떤 자세를 가지고 살아가고 있는가? 자신도 모르게 늘 변명만을 늘어놓고 있지는 않은가? 변명보다는 평소에 정직한 태도를 가지고 살아가고 위기를 만났을 때 진정한 자세를 보여 줌으로써 위기를 극복해야 한다.

충성된 삶의 자세를 가지고 살자

아브넬이 죽고 사울 왕국의 운명이 기로에 서 있을 때 사울 왕국에서 재빠르게 움직이는 사람들이 있었다.

> [2] 사울의 아들 이스보셋에게 군지휘관 두 사람이 있으니 한 사람의 이름은 바아나요 한 사람의 이름은 레갑이라 베냐민 족속 브에롯 사람 림몬의 아들들이더라 브에롯도 베냐민 지파에 속하였으니(삼하 4:2)

아브넬이 세상을 떠나고 이제 이스보셋 왕에게 있어서 영향력이 있는 장군은 바아나와 레갑이었다. 그들은 아브넬이 없는 이때 다윗에게 나라를 바쳐 자신들의 자리를 보전하고자 하는 얕은 생각을 했다. 그들은 아브넬과 다름없는 사람들이었다. 그들은 결국 이스보셋 왕을 죽이고 나라를 다윗에게 바쳤다. 그들은 자신들이 이스보셋을 죽이고 다윗을 찾아갔을 때 다윗이 아주 기뻐하고 그들에게 좋은 대우를 하리라고 생각했을 것이다. 그러나 그들의 생각과는 달리, 다윗은 그들의 행위를 기뻐하지 않고 그들을 죽였다. 왜 다윗은 그렇게 했을까?

다윗은 하나님이 기름 부으신 왕을 사람이 죽여서는 안 된다고 생각했기 때문이다. 다윗은 늘 하나님이 기름 부으신 사람을 사람이 죽일 수 없다는 생각을 하고 살았다. 그래서 다윗은 그렇게 자신을 괴롭히던 사울 왕을 죽일 기회가 있을 때도 사울 왕을 자신의 손으로 죽이지 않았다.

이스보셋 왕에게 반역을 하고 그를 죽이고 자신에게 온 사람들은 결국 어느 날 다시 반역을 일으켜 다윗도 죽일 수 있기 때문이다. 충성된 마음이 이래서 중요하다. 사람들은 자신에게 유익이 있으면 친구에게 사기를 치고 때로는 친구를 버리기도 한다. 그런 태도를 다윗은 기뻐하지 않았다. 한 왕을 섬겼으면 그를 위하여 충성하는 것을 고귀하게 여겼다. 뉴스를 보면 돈이 된다면 자신이 몸담은 회사의 정보를 경쟁사에 팔아넘겨 전에 있던 회사에 큰 어려움을 주는 사람들도 있다. 그래서는 안 된다. 우리는 충성된 삶의 태도를 잊지 말아야 한다.

다윗의 집은 점점 강성해지고 사울의 집은 점점 약해져 갔다. 그것은 다윗의 집의 사람들은 하나님을 중심으로 믿음으로 살았고 사울의 집의 사람들은 도덕적으로 문란한 악인의 길을 따르며, 자신만 살겠다고 반역을 일으키고 자기가 섬기던 왕을 죽이고 자기의 살길을 찾았기 때문이다. 우리는 죄를 합리화하지 말고 회개하며 돌이켜야 한다. 삶의 위기의 순간에서도 정직과 진정한 마음과 충성된 삶의 자세를 가지고 살아가자.

전쟁은 하나님께 달려 있음을 알라[13]

다윗이 이스라엘의 왕이 되었다는 소식이 블레셋에게도 알려졌다. 블레셋은 얼마 전까지만 해도 다윗은 사울을 피하여 도망치던 사람인데, 그가 이스라엘의 왕이 되었다고 하니, 이런 혼란의 시기에 이스라엘을 치면 큰 승리를 거둘 것으로 알고 공격해 왔다. 다윗은 이런 위기의 순간에 어떻게 이 위기를 극복했을까? 오늘 본문의 말씀을 통해서 우리에게 주시는 교훈은 무엇일까?

전쟁은 하나님께 달렸다

블레셋은 이스라엘 백성들이 가나안 땅에 살면서 늘 마주치는 문제 중의 하나였다. 사울이 왕이었을 때도 블레셋은 수시로 쳐들어와서 이스라엘 백성들을 약탈하며 고통을 주었다. 블레셋과

---

13)   삼하 5:17~25.

같이 마귀는 늘 우리를 쓰러뜨리려고 공격의 기회를 찾고 있다는 것을 잊지 말아야 한다.

두려워하지 말고 하나님을 바라보라

다윗은 블레셋이 쳐들어온다는 소식을 듣고도, 두려워하지 않았다. 다윗은 블레셋이 칼과 창으로 무장을 하고 다가와도, 결국 그 모든 것을 이기게 하시는 분은 하나님인 것을 알았기 때문이다. 다윗은 블레셋의 거인 골리앗과 싸울 때도 아무리 칼과 창으로 무장한 블레셋의 거인 골리앗이라도 하나님의 이름으로 나가면 결국은 자신이 승리할 것을 확신했다. 다윗은 전쟁이 하나님께 달렸음을 알았다. 다윗은 전쟁에 나가기 전에 먼저 하나님께 하나님의 뜻이 무엇인지 여쭈어보았다. 우리도 늘 하나님의 뜻이 무엇인지 여쭈어보아야 한다.

[19] 다윗이 여호와께 여쭈어 이르되 내가 블레셋 사람에게로 올라가리이까 여호와께서 그들을 내 손에 넘기시겠나이까 하니 여호와께서 다윗에게 말씀하시되 올라가라 내가 반드시 블레셋 사람을 네 손에 넘기리라 하신지라(삼하 5:19)

다윗은 블레셋의 군대의 숫자가 얼마나 많은가를 신경 쓰지 않왔다. 자신의 군대가 얼마나 좋은 무기를 가지고 있는가를 신경 쓰지도 않았다. 그에게 가장 중요한 것은 이 전쟁이 하나님이 함께하시는 전쟁인가, 아닌가 하는 것이었다. 하나님이 함께하시면 어떤 전쟁에서도 승리할 수 있기 때문이었다. 다윗은 하나님이 주신 약속의 말씀을 붙들었다. "네 손에 넘기리라" 하나님이 하시겠다면 하시는 것이다. 오늘 우리도 기도하고 하나님이 주신 약속의 말씀을 의지하고 담대하게 살아가자.

하나님을 의지할 때 하나님은 우리에게 승리를 주신다

다윗은 하나님의 말씀을 의지하고 블레셋을 향하여 전쟁에 나갔다. 마치 골리앗에게 나갈 때 다윗이 물매와 돌멩이만 가졌어도, 하나님을 의지함으로써 승리했던 것처럼, 이번에도 하나님만 의지하고 전쟁에 나갈 때 하나님은 놀라운 승리를 주셨다.

> [20] 다윗이 바알브라심에 이르러 거기서 그들을 치고 다윗이 말하되 여호와께서 물을 흩음 같이 내 앞에서 내 대적을 흩으셨다 하므로 그곳 이름을 바알브라심이라 부르니라(삼하 5:20)

우리가 하나님을 의지할 때 하나님은 마치 물을 흩어버리듯이 대적을 흩어 버리신다. 오늘도 우리가 마귀와의 영적인 전쟁을 할 때 하나님의 말씀에 순종하여 믿음으로 영적 전쟁을 전개해 간다면 하나님이 우리와 함께하시고 승리를 주시며 영적인 전쟁에서 이기게 하신다. 내가 전쟁에 나가서 싸울지라도, 우리의 배후에서 일하시는 분은 하나님이시라는 사실을 잊지 말아야 한다.

하나님과의 대화가 생활화되게 하라

다윗은 하나님과의 대화가 생활화된 사람이었다. 그는 전쟁하면서도 하나님께 자신이 어떻게 해야 하는지를 여쭤어보았다. 그러자 하나님은 다윗에게 그들을 기습하라고 말씀하셨다.

> [23] 다윗이 여호와께 여쭈니 이르시되 올라가지 말고 그들 뒤로 돌아서 뽕나무 수풀 맞은편에서 그들을 기습하되 [24] 뽕나무 꼭대기에서 걸음 걷는 소리가 들리거든 곧 공격하라 그때에 여호와가 너보다 앞서 나아가서 블레셋 군대를 치리라 하신지라(삼하 5:23~24)

오늘 우리도 매일 하나님의 음성을 듣고 하나님의 인도하심을 받고 신앙생활을 해야 한다. 매일 기도하고 말씀을 묵상하고 하나님의 뜻을 따라서 살아가자. 어제 기도했다고 해서 오늘 그냥 지나치지 말자. 어제 말씀을 묵상했다고 해서 오늘은 그냥 지나치지 말자. 내 생각과 내 힘으로 사는 것이 아니라, 하나님이 주시는 말씀에 귀를 기울이며 살아야 한다. 하나님의 말씀에 순종할 때 하나님은 천군 천사를 보내어 전쟁을 승리로 이끌어 주신다.

> [24] 뽕나무 꼭대기에서 걸음 걷는 소리가 들리거든 곧 공격하라 그 때에 여호와가 너보다 앞서 나아가서 블레셋 군대를 치리라 하신지라(삼하 5:24)

뽕나무 위에서 걸음 소리가 들린다는 것은 그 위에 하나님의 천군 천사들이 함께하고 있다는 뜻이다.

> [25] 이에 다윗이 여호와의 명령대로 행하여 블레셋 사람을 쳐서 게바에서 게셀까지 이르니라(삼하 5:25)

결국 다윗은 하나님의 말씀대로 순종하여 큰 승리를 거두게 되었다. "이에 다윗이 여호와의 명령대로 행하여"라는 말씀을 기억하자. 기도하고 하나님의 말씀을 들었으면, 그 말씀대로 행할 때 하나님이 책임져 주신다. 우리도 이처럼 하나님의 말씀에 순종하여 승리하는 삶을 살아가자.

전쟁은 하나님께 달려있다. 그래서 우리는 늘 영적 전쟁에 앞서서 하나님께 나아가 하나님의 말씀에 귀를 기울이고 순종하고 우리의 모든 영적 전쟁을 하나님께 맡겨야 한다. 우리가 하나님을 의지할 때 하나님은 천군 천사를 보내어 우리를 도와주신다. 오늘도 영적 전쟁에서 승리하자.

하나님 우선의 신앙으로 살라[14]

다윗은 이스라엘의 왕이 되면서, 마음에 소원이 있었다. 자신은 왕이 되어 성에 거하고 있으나, 하나님의 법궤는 아직도 기럇여아림의 아비나답의 집에 있으므로, 하나님의 법궤를 자신이 사는 성으로 모시고 와야겠다고 생각했다. 법궤가 아비나답의 집에 있게 된 것은 엘리 제사장의 아들들이 블레셋과의 전쟁에 법궤를 가져가면 승리하리라는 생각에 무작정 법궤를 가지고 전쟁에 나갔다가, 전쟁에 지고 그 법궤를 블레셋에게 빼앗겼기 때문이다. 하나님을 의지하고 믿는 사람에게 하나님이 함께하시는 것이지, 단순히 법궤를 가지고 나간다고 하여 전쟁에서 승리하는 것이 아님을 몰랐던 것이다. 다윗 왕은 잃어버린 법궤를 자신의 성으로 모시고 오기를 원했다. 오늘 본문을 통해서 우리에게 주시는 교훈은 무엇일까?

---

14) 삼하 6:1~11.

하나님 우선의 신앙을 가지고 살자

하나님의 궤는 아비나답의 집에 20년 동안 있었다. 왜 사울 왕은 하나님의 궤를 성으로 옮기지 않았을까? 사울 왕은 하나님의 법궤를 자신의 성으로 옮겨 오는 것에는 관심이 없었다. 그는 하나님의 말씀을 순종하지도 않았고 매사에 하나님을 우선으로 살지도 않았기 때문이다. 사울은 하나님의 법궤를 성으로 모셔오는 일에 부담을 느껴 아예 법궤를 모시고 오는 일을 추진하지 않았다. 그러나 다윗은 왕이 되고 나서 하나님의 궤를 성으로 모셔오기를 간절히 원했다. 다윗은 하나님을 가까이하고 늘 하나님께 찬양과 기도를 드리는 하나님 우선의 신앙을 가지고 있었기 때문이다. 다윗에게 있어서 법궤는 하나님의 임재를 보여 주는 중요한 성물이었기 때문에 꼭 성으로 모셔 오고 싶어 했다. 그는 하나님이 자신과 함께하는 것이 얼마나 중요한가를 잘 알았고 하나님의 임재를 기뻐했기 때문이다. 우리도 하나님을 우선으로 섬기는 신앙인이 되자.

하나님의 말씀대로 하나님을 섬기자

[6] 여호수아가 또 제사장들에게 말하여 이르되 언약궤를 메고 백성에 앞서 건너라 하매 곧 언약궤를 메고 백성에 앞서 나아가니라

(수 3:6)

법궤는 언약궤라고도 한다. 법궤는 제사장들이 어깨에 메고 옮기는 것이다. 다윗은 법궤를 성으로 옮기려고 할 때, 그 사실을 잊고 있었다.

[3] 그들이 하나님의 궤를 새 수레에 싣고 산에 있는 아비나답의 집에서 나오는데 아비나답의 아들 웃사와 아효가 그 새 수레를 모니라(삼하 6:3)

아비나답의 아들들은 하나님의 궤를 새 수레에 싣고 다윗 성으로 향했다. 우리는 하나님의 말씀을 내 생각대로 해석하고 내 뜻대로 변형시켜서는 안 된다. 사람들은 새 수레와 함께 여러 악기로 하나님을 찬양하며 법궤를 옮기면 되리라고 생각했다. 그러나 그것은 사람의 생각이지, 하나님의 뜻은 아니었다. 블레셋에서 아비나답의 집까지 소가 끄는 수레로 왔으니, 이제 수레로 가져와도 되리라 생각했는지도 모른다. 다윗은 법궤를 옮겨 오는 것만 좋아서 법궤를 어떻게 옮겨야 하는지 그 방법에 대해서는 신경을 쓰지 않았다. 그러다가 큰 어려움을 당하게 되었다.

하나님의 거룩한 법궤는 어떤 일이 있어도 사람의 손으로 만져서는 안 된다. 하나님은 법궤를 옮길 때 사람들이 법궤를 직접 만지지 않게 하기 위해서 법궤를 멜 수 있는 채를 넣도록 고리를 만들게 하셨다. 직접 법궤에 손이 닿지 않도록 하기 위한 배려였다. 법궤를 수레에 싣고 오다가 나곤의 타작마당에서 소들이 뛰어 법궤가 떨어질 것 같아서 웃사는 자신도 모르게 법궤를 붙들었다. 자신은 법궤를 보호한다고 한 일이었지만, 그는 법궤에 손을 대었다가 그 자리에서 죽었다. 참으로 두려운 일이다.

> [6] 그들이 나곤의 타작마당에 이르러서는 소들이 뛰므로 웃사가 손을 들어 하나님의 궤를 붙들었더니 [7] 여호와 하나님이 웃사가 잘못함으로 말미암아 진노하사 그를 그곳에서 치시니 그가 거기 하나님의 궤 곁에서 죽으니라(삼하 6:6~7)

이것은 하나님의 거룩한 것에 손을 대는 것이 얼마나 무서운 결과를 가져오는가를 보여 준 것이다. 처음부터 법궤를 메고 왔으면 좋았을 것인데, 법궤를 수레에 싣고 가다가 이런 일이 생기게 된 것이다. 이는 다윗으로 하여금 두려움 속에 빠져들게 만들었다. 자신이 법궤를 가져오는 것이 하나님의 뜻이 아닌지 다시한번 생각하게 된 것이다. 우리는 자기 생각에 좋은 대로 하나님을 믿을 것이 아니라, 하나님의 말씀을 따라서 믿어야 한다.

하나님의 은혜에 감사하라

다윗은 법궤로 인하여 웃사가 죽었으므로, 법궤를 다윗 성으로 옮기기 전에 오벧에돔의 집에 모시기로 했다. 다윗은 하나님이 오벧에돔의 집에 복을 주시는 것을 보고 나서야, 하나님의 진노가 풀린 것을 알게 되어 안심했다. 다윗은 이번에는 법궤를 메어서 성으로 옮기기로 결단했다. 그는 법궤를 성으로 옮기면서 얼마나 기뻤던지 하나님 앞에서 춤을 추었다.

> [14] 다윗이 여호와 앞에서 힘을 다하여 춤을 추는데 그때에 다윗이 베 에봇을 입었더라(삼하 6:14)

다윗은 하나님이 자신을 이스라엘의 주권자로 삼으신 그 은혜가 너무나 감사해서 하나님의 법궤가 들어올 때 하나님의 법궤 앞에서 춤추며 기뻐했다. 사람들이 자신을 보든지, 말든지 그는 오로지 하나님만 바라보고 춤을 추었다. 오늘 우리도 하나님을 섬길 때, 이와 같이 하나님을 기뻐하고 감사하며 살아가자.

우리는 하나님 우선의 신앙을 가지고 살아야 한다. 하나님께 가까이 다가가 만나기를 원하는 마음으로, 매일 기도로 하루를 시작하고 매일 말씀을 묵상하며, 예배자로 살아가자. 내 생각대로 하나님을 섬기지 말고 하나님의 말씀대로 순종하며 하나님을 섬기자. 하나님의 임재 앞에서 춤을 추고 기뻐했던 다윗처럼 날마다 하나님의 임재 앞에서 기쁨으로 살아가자.

하나님께서 나를 알고 계심을 기억하라[15)]

다윗은 사울에 이어서 2대 왕이 되었다. 어느 날 그는 자신의 삶을 뒤돌아볼 때 하나님의 은혜가 너무나 감사했다. 하나님은 다윗을 왕이 되게 하겠다고 사무엘을 통하여 기름 부으신 이후로 수많은 위기 속에서도 그를 지켜 주시고 은혜를 베풀어 주셨다. 다윗 자신이 무엇인데 이런 놀라운 은혜를 주셨는가? 다윗은 그렇게 생각할 때 가슴 깊은 곳에서 밀려오는 하나님의 사랑과 은혜에 감격했다. 오늘 본문을 통하여 우리에게 주시는 하나님의 말씀은 무엇인가?

오늘까지 살아온 모든 것이 하나님의 은혜이다

[18] 다윗 왕이 여호와 앞에 들어가 앉아서 이르되 주 여호와여

---

15) 삼하 7:20~29.

나는 누구이오며 내 집은 무엇이기에 나를 여기까지 이르게 하셨
나이까(삼하 7:18)

왕이 된 다윗은 자신의 연약함에도 불구하고 자신을 이렇게
높이 세워 주신 하나님을 찬양했다. "하나님 내가 누구며, 내 집
이 무엇입니까? 아무리 생각해도 나는 연약한 사람이고 아무것
도 내어놓을 것이 없는 사람이며, 나의 집도 특별한 집이 아닙니
다"라는 고백이었다. 그런데 하나님께서는 약한 다윗을 강하게
하시고 그를 왕이 되게 해 주셨다. 다윗은 하나님의 은혜에 감사
했다. 하나님께 모든 영광을 돌리며 겸손한 자세를 잊지 않았다.

[17] 여호와여 주는 겸손한 자의 소원을 들으셨사오니 그들의 마
음을 준비하시며 귀를 기울여 들으시고(시 10:17)

우리도 오늘까지 살아온 모든 것이 하나님의 은혜라는 사실을
잊지 말아야 한다. 오늘 나의 나 된 것이 모두 하나님의 은혜라
는 것을 잊지 말고 하나님께 모든 영광을 돌리며, 늘 겸손함을 잊
지 않는 신앙인이 되어야 한다.

하나님은 나를 알고 계신다

[20] 주 여호와는 주의 종을 아시오니 다윗이 다시 주께 무슨 말씀을 하오리이까 [21] 주의 말씀으로 말미암아 주의 뜻대로 이 모든 큰 일을 행하사 주의 종에게 알게 하셨나이다(삼하 7:20~21)

다윗은 수많은 고난과 어려움을 통과했다. 그러나 어떤 어려움 속에서도, 다윗은 하나님이 자신을 인도하고 계심을 알고 있었다. 그는 사망의 음침한 골짜기를 지날지라도 두려워하지 않았다. 하나님이 자신을 알고 계시고 자신과 함께하시는 것을 믿었기 때문이다.

[4] 내가 사망의 음침한 골짜기로 다닐지라도 해를 두려워하지 않을 것은 주께서 나와 함께 하심이라 주의 지팡이와 막대기가 나를 안위하시나이다(시 23:4)

어떤 문제가 있어도, 하나님이 알고 계시면 두려워 할 필요가 없다. 다윗은 사울이 그렇게 자신을 죽이려고 해도 하나님이 자신을 알고 계시고 자신의 문제를 알고 계시니 두려워하지 않고 모든 것을 하나님께 맡기며 살아갈 수 있었다.

[1] [다윗의 시] 여호와는 나의 빛이요 나의 구원이시니 내가 누구

를 두려워하리요 여호와는 내 생명의 능력이시니 내가 누구를 무서워하리요(시 27:1)

오늘 우리는 하나님이 나를 알고 계시고 나의 삶을 인도하고 계신다는 사실을 기억하자. 나를 아시고 나의 문제를 아시는 하나님께 모든 염려와 근심을 맡기고 주님이 주시는 놀라운 평안과 기쁨 가운데에서 살아가자.

하나님은 위대하시다

[22] 그런즉 주 여호와여 이러므로 주는 위대하시니 이는 우리 귀로 들은 대로는 주와 같은 이가 없고 주 외에는 신이 없음이니이다(삼하 7:22)

하나님은 소년 다윗에게 기름을 부으시고 그에게 성령의 기름을 부어 주시며, 일평생 그를 붙잡고 계셨다. 다윗이 골리앗을 만났을 때도 하나님께서 다윗과 함께하셔서 골리앗을 쓰러뜨리게 하셨다. 다윗은 위대하신 하나님을 찬양했다. 다윗이 하나님을 찬양하는 이유는 하나님께서 자신의 힘이 되시고 자신을 긍휼히 여기시기 때문이다.

[17] 나의 힘이시여 내가 주께 찬송하오리니 하나님은 나의 요새이시며 나를 긍휼히 여기시는 하나님이심이니이다 (시 59:17)

주님이 위대하신 이유는 주님이 하신 말씀을 반드시 지키시고 이루시기 때문이다.

[25] 여호와 하나님이여 이제 주의 종과 종의 집에 대하여 말씀하신 것을 영원히 세우셨사오며 말씀하신 대로 행하사 (삼하 7:25)

하나님은 다윗에게 약속하신 모든 것을 모두 다 지켜 주셨고 이뤄 주셨다. 하나님은 오늘 우리에게도 말씀하시고 그 말씀을 그대로 지켜 주신다. 날마다 좋으신 하나님을 의지하고 살아가자. 다윗은 사무엘하 7장 29절에서 "종의 집에 복을 주사, 주 앞에 영원히 있게 해 주옵소서"라고 기도했다. 다윗이 받은 가장 큰 복은 날마다 주님이 함께하시고 주님 앞에 거하는 복이었다. 우리도 하나님 앞에 함께 거하는 것이 가장 큰 복이라는 사실을 잊지 말자.

우리는 오늘까지 살아올 수 있었던 모든 것이 하나님의 은혜라는 사실을 잊지 말아야 한다. 내가 지혜롭고 수완이 좋아서 오늘까지 살아온 것이 아니다. 하나님은 어떤 환경에서도 우리와 동행하고 계신다. 하나님은 우리를 알고 계시고 우리를 인도하고 계신다. 위대하신 하나님을 의지하며 살자.

유혹의 자리에서 도망쳐라[16]

다윗은 왕이 된 후로 하루하루가 평안한 삶의 연속이었다. 전쟁에는 자신이 직접 나가지 않아도 훈련된 장군들과 병사들이 승리를 가져왔다. 환경적으로는 평화의 시기였지만, 다윗에게는 큰 영적 위기가 다가오고 있는 것을 다윗은 깨닫지 못하고 있었다. 우리는 모든 것이 잘되어 갈 때 더욱 조심해야 한다. 이 시기에 다윗은 전쟁에 나간 군사 우리아의 아내 밧세바와 간음을 하고 말았다. 우리도 문제가 있을 때는 더 열심히 기도하고 하나님을 의지하게 되지만, 문제가 없고 삶이 평안해지면 자신도 모르게 기도가 줄어들고 영적으로 나태해지는 것을 볼 수 있다. 오늘 본문을 통하여 우리에게 주시는 교훈은 무엇인가?

16)   삼하 12:7~15.

죄에서 돌아서야 한다

다윗은 자신이 지은 죄가 얼마나 심각한 것인지를 알지 못하고 있었다. 다윗은 자신이 밧세바를 데려오고 그의 남편 우리아를 죽게 하는 모든 일을 명령하면서 이를 아무런 죄의식 없이 행했다. 왕이 되었으니 이 정도는 할 수 있다고 생각했을지도 모른다. 모든 것은 은밀하게 진행되었고 이런 비밀을 알고 있는 사람은 몇 명 되지 않았다. 그러나 하나님은 다윗의 모든 죄악을 알고 계셨다. 우리가 아무리 은밀하게 행해도, 하나님은 모든 것을 알고 계신다.

나단 선지자가 다윗에게 찾아가 비유로 부자와 가난한 사람의 이야기를 들려주었을 때도 다윗은 그것이 자신의 상황을 비유로 이야기하는 것인지 알지 못하고 그런 나쁜 부자는 죽여야 한다고 고함을 질렀다. 인간이 이렇게 무지하다. 자신이 저지른 죄도 깨닫지 못하고 그 죄에 무감각하여, 부자를 죽여야 한다고 소리친 것이다. 나의 죄에 대하여 무감각하고 다른 사람의 죄에 대해서만 흥분하고 있는 것이다. 우리는 날마다 영적으로 깨어 있어야 한다. 오늘도 우리의 삶 속에 수많은 유혹이 다가오기 때문이다. 마귀는 우리를 삼키려고 늘 우리 주변에 유혹의 올무를 놓아둔다.

[16] 이는 세상에 있는 모든 것이 육신의 정욕과 안목의 정욕과 이

생의 자랑이니 다 아버지께로부터 온 것이 아니요 세상으로부터 온 것이라(요일 2:16)

우리가 가지고 있는 사랑받지 못하고 인정받지 못한 사랑에 굶주린 상한 마음을 예수님의 십자가 보혈로 덮어야 한다. 우리의 상한 마음을 치유해야 한다. 그렇지 않으면 자신도 모르게 다른 사람의 인정과 사랑을 갈구하다가 또 다른 유혹에 넘어가게 되는 것이다. 우리는 매일 깨어 있어야 한다. 죄의 무감각함에서 돌이켜야 한다.

유혹의 자리에서 도망쳐라

왕이라고 해서 모든 것을 자기 마음대로 해도 되는 것은 아니다. 십계명은 간음하지 말고 살인하지 말라고 명령하고 있다. 그럼에도 불구하고 다윗은 두 가지의 계명을 모두 어겼다. 하나님께서 이스라엘의 초대 왕 사울을 폐위하신 이유가 무엇인가? 사울이 하나님의 말씀에 더 이상 순종하지 않았기 때문이다. 그래서 다윗을 제2대 왕으로 기름 부은 것인데, 자신도 모르는 사이에 영적으로 둔해져서 유혹에 빠져 자기 생각대로 살고 있었던 것이다. 그래서 하나님은 다윗에게 말했다.

[10] 이제 네가 나를 업신여기고 헷 사람 우리아의 아내를 빼앗아 네 아내로 삼았은즉 칼이 네 집에서 영원토록 떠나지 아니하리라 하셨고(삼하 12:10)

사람은 얼마나 쉽게 망각하는 존재인가? 그래서 우리는 모든 것이 잘될 때 더욱 조심해야 한다. 다윗은 어려울 때는 열심히 기도하고 하나님의 은혜를 구했다. 사울을 피해 다니면서, 그는 오로지 하나님을 의지하고 하나님께 기도하며 찬양했다. 그러나 이제 왕이 되고 나니, 교만해져서 하나님의 계명을 어기고 육신의 정욕을 따라서 살아가고 있었던 것이다. 자신이 왕이라고 할 일과 못할 일을 가리지 않고 있었던 것이다.

아담과 하와에게 뱀이 다가와서 선악과를 먹으라고 유혹한 것도, 사울의 마음에 아말렉을 진멸하지 말라고 유혹한 것도, 그 모든 배후에는 마귀의 유혹이 있었다. 다윗의 연약함을 아는 마귀는 다윗에게 육신의 정욕의 유혹을 통하여 그를 넘어뜨리기를 원했다. 다윗은 밧세바를 바라보는 눈을 질끈 감았어야 했다. 그는 유혹의 자리에서 도망쳐야 했다. 요셉이 보디발의 아내가 동침을 요구할 때 옷을 벗어버리고 도망쳤듯이, 그는 유혹의 자리에서 고함을 치며 도망쳐야 했다. 그러나 그는 그러지 못했다. 왜 그랬을까? 그것은 유혹이 너무 달콤하기 때문이다. 오늘 우리도 우리 자신을 돌아보아야 한다. 나는 유혹이 다가올 때 그 유혹을 이길 수 있나? 그래서 우리는 매일 십자가를 바라보고 기도하고 말씀을 읽고 묵상하고 하나님을 의지하고 살아야 하는 것이다. 죄의 삯은 사망이다. 죄는 결국 심판을 가져온다.

> [10] 이제 네가 나를 업신여기고 헷 사람 우리아의 아내를 빼앗아 네 아내로 삼았은즉 칼이 네 집에서 영원토록 떠나지 아니하리라 하셨고(삼하 12:10)

하나님은 다윗이 우리아를 죽게 한 것이, 하나님을 업신여기는 행위라고 말씀하셨다. 결국 다윗과 그의 가문에는 무서운 심판이 다가오게 된 것이다. 오늘 우리는 자신도 모르는 사이에 하나님을 업신여기지 말아야 한다. 하나님의 말씀을 순종하고 하나님의 뜻을 따라서 살아야 한다. 하나님은 오늘도 우리를 주목하고 계신다.

죄를 회개하고 다시 죄에 빠져들어가지 말라

다윗은 나단의 이야기를 듣고 그제야 자신의 죄를 깨닫고 하나님께 회개했다. 시편 51편은 선지자 나단의 지적을 듣고 회개한 다윗의 기도를 기록하고 있다.

[1] 하나님이여 주의 인자를 따라 내게 은혜를 베푸시며 주의 많은 긍휼을 따라 내 죄악을 지워 주소서 [2] 나의 죄악을 말갛게 씻으시며 나의 죄를 깨끗이 제하소서(시 51:1~2)

다윗은 자신을 우슬초로 정결케 해달라고 간구했다. 자신의 죄를 씻어 달라고 간구했다. 자신의 마음속에 정직한 영을 새롭게 해 달라고 간구했다. 놀랍게도 죄인 다윗의 간구를 하나님은 들으셨다. 그러나 그에게 대가를 지불해야 할 것을 말씀하셨다. 하나님은 다윗이 회개할 때 다윗의 죄를 용서해 주셨다. 그러나 그가 자신의 죄에 대한 대가를 치러야 할 것을 말씀하신 것이다. 하나님은 은혜로우신 아버지이시다. 하나님은 노하기를 더디 하시고 인내하신다. 그러나 한번 하나님이 심판하기로 결단하시면 무섭다. 하나님은 죄를 범한 아담과 하와를 에덴동산에서 쫓아내시고 노아의 시대에는 죄를 범한 사람들을 홍수로 심판하셨다. 죄의 결과는 무서운 심판이라는 것을 알고 죄의 유혹에 빠지지 말아야 한다.

우리는 모든 것이 평화롭고 잘될 때 조심해야 한다. 자신도 모르게 유혹에 넘어갈 수 있기 때문이다. 우리는 유혹에서 도망쳐야 한다. 육신의 정욕, 안목의 정욕, 이생의 자랑의 달콤한 유혹에서 도망쳐야 한다. 우리는 죄 가운데 있을 때 죄에서 돌이켜 회개하고 죄의 결과가 사망이라는 것을 늘 인식하고 죄에 빠져들지 않도록 깨어 있어야 한다.

하나님 앞에서 깨어진 삶을 살라[17]

다윗의 범죄로 인하여 다윗의 가문에서 칼이 떠나지 않을 것을 나단 선지자는 예언하였다. 그 예언의 말대로 압살롬이 아버지 다윗에게 대항하여 반역을 일으킴으로써 다윗은 심각한 충격을 받았으며, 하나님 앞에서 깨어졌다. 오늘 본문 말씀을 통하여 우리에게 주시는 하나님의 교훈은 무엇인가?

부모의 죄는 자녀들에게 학습된다

다윗이 밧세바와 저지른 범죄는 한순간의 실수로서 끝난 것이 아니었다. 다윗의 죄는 그의 자녀들에게 부지중에 학습되었다. 문제의 발단은 첫째 아들 암논에게부터 시작되었다. 암논은 셋째 부인 마아가가 낳은 딸 다말을 사모했다. 그래서 병든 체하고

---

17) 삼하 15:13~18.

다말을 자기에게 보내 병문안을 오게 해 달라고 해서 다말을 범하여 근친상간의 죄를 범했다. 그 사실을 들은 다말의 오빠 압살롬은 시간을 두고 보다가 첫째 형인 암논을 죽였다. 죄책감과 복수심에 사로잡힌 압살롬은 결국 다윗에 대항하여 반역을 일으켰다. 우리가 죄에서 떠나야 할 이유가 여기 있다. 부모가 죄에서 떠나지 않으면, 자신도 모르는 사이에 자녀들이 그 죄를 배운다. 그리고 자녀들의 인생에도 큰 문제가 다가오는 것이다. 부모가 먼저 하나님의 말씀에 순종하고 경건하게 살아야 하며 자녀들에게는 하나님의 말씀을 순종하는 것과 하나님을 의지하고 경건하게 살아가도록 가르쳐야 한다. 부지중에 부모의 죄를 자녀들이 학습하게 해서는 안 된다. 죄에서 떠나, 날마다 정결케 하시는 하나님의 은혜를 따라서 살아가자.

하나님은 돌이키는 사람에게 은혜를 주신다

다윗은 압살롬이 자신을 죽이려고 군사를 일으킨 것을 보고 급하게 도망하였다. 그는 얼마나 급했던지 맨발로 도망하면서 울면서 하나님의 은혜를 구했다.

> [30] 다윗이 감람 산 길로 올라갈 때에 그의 머리를 그가 가리고 맨발로 울며 가고 그와 함께 가는 모든 백성들도 각각 자기의 머

리를 가리고 울며 올라가니라(삼하 15:30)

다윗이 머리를 가리고 맨발로 울며 회개할 때 하나님은 그를 불쌍히 여겨 주셨다. 다윗이 죄를 범하여 다가온 폭풍이지만, 그 가운데서도 하나님은 다윗을 버리지 않으셨다. 이것이 하나님의 은혜이다. 허물이 많고 죄가 많아도 하나님은 자신의 죄를 회개하고 하나님께 돌이키는 사람을 버리지 않으신다. 하나님은 회개하고 하나님의 은혜를 구하는 사람에게 다시 기회를 주신다. 하나님은 위기 가운데도 후새를 예비해 주셨다. 하나님은 어려움 가운데서도, 도망가는 다윗을 위하여 후새를 예비하셔서 다윗을 돕게 하셨다. 압살롬에게는 모략가 아히도벨이 있었다. 이 사람은 대단한 전략가였다. 그러나 그에 못지않게 후새도 대단한 사람이었다. 다윗은 후새를 압살롬에게 보내서, 아히도벨의 전략을 깨뜨리도록 하였다.

[34] 그러나 네가 만일 성읍으로 돌아가서 압살롬에게 말하기를 왕이여 내가 왕의 종이니이다 전에는 내가 왕의 아버지의 종이었더니 이제는 내가 왕의 종이니이다 하면 네가 나를 위하여 아히도벨의 모략을 패하게 하리라(삼하 15:34)

아히도벨은 압살롬에게 지체하지 말고 다윗을 쫓아가서 공격해야 한다고 말했으나, 후새는 좀 더 기다렸다가 공격하는 것이 좋다고 말했다. 결국 압살롬은 아히도벨의 전략보다는 후새의 전략을 따르게 되었다. 사실 후새는 다윗에게 시간을 벌어 주려고 그렇게 이야기한 것이었다. 이 전략으로 인하여 압살롬은 다윗을 칠 기회를 놓치게 되었다. 하나님은 다윗이 죄를 범하였으나, 그가 회개하고 하나님을 향하여 돌이킬 때 후새와 같은 사람을 예비하셔서 어려움을 이길 수 있는 은혜를 주셨다.

하나님의 은혜를 구하라

다윗은 요나단의 아들 므비보셋을 살려 주고 종 시바에게 그를 섬기게 해 주었다. 시바는 다윗이 압살롬의 공격을 받아서 도망치고 있다는 이야기를 듣고 두 나귀에 떡 이백 개, 건포도 백 송이, 여름 과일 백 개, 포도주 한 가죽 부대를 싣고 다윗을 만나러 나왔다. 그 음식들을 다윗에게 주며, 다윗을 위로하였다.

[2] 왕이 시바에게 이르되 네가 무슨 뜻으로 이것을 가져왔느냐 하니 시바가 이르되 나귀는 왕의 가족들이 타게 하고 떡과 과일은 청년들이 먹게 하고 포도주는 들에서 피곤한 자들에게 마시게 하려 함이니이다(삼하 16:2)

우리도 주변 사람들에게 늘 사랑을 베풀고 구제하며 살아야 한다. 우리가 베푼 사랑이 언젠가는 우리에게 위로로 돌아올 수 있다.

다윗이 바후림에 이르렀을 때 사울의 친족 한 사람인 시므이가 나와서 다윗을 저주했다. 아비새는 왕을 욕하는 시므이를 죽이려고 했지만, 다윗은 가만두라고 했다. 다윗은 이렇게 자신을 저주하는 사람을 통해서 하나님이 다윗을 불쌍히 여기사 그 저주 때문에 오히려 다윗에게 선을 베푸실 것이라고 믿었다. 다윗은 아들의 반역으로 인해 회개하고 하나님 앞에 깨어졌다.

> [12] 혹시 여호와께서 나의 원통함을 감찰하시리니 오늘 그 저주 때문에 여호와께서 선으로 내게 갚아 주시리라 하고(삼하 16:12)

다윗은 사람들에게 수모를 당하고 아들의 반역으로 고통을 받았지만, 그런 수모를 당하는 모습을 하나님께서 보시고 자신을 불쌍히 여겨 주실 것을 구하며, 하나님을 의지했다. 죄를 범했던 다윗이 철저하게 하나님 앞에서 깨어져 하나님의 은혜를 구하는 사람이 되었다.

우리는 부모의 죄가 자녀에게 학습된다는 사실을 잊지 말아야 한다. 부모가 먼저 하나님 앞에 바로 서서 하나님의 말씀에 순종하고 믿음으로 살아서 자녀들에게 선한 영향력을 끼치며, 자녀들에게 하나님을 사랑하고 하나님께 기도하는 것을 가르치고 말씀을 읽고 묵상하는 것을 가르치며, 하나님을 예배하는 삶을 가르쳐 복된 가문을 만들어야 한다.

용서를 결단하라[18)

하나님은 사랑의 하나님, 용서의 하나님이시다. 하나님은 우리를 사랑하셔서, 우리의 모든 죄를 모두 용서하시고 우리도 우리의 이웃을 용서하며 살기를 원하신다. 하나님은 다윗의 죄를 미워하셨다. 그러나 하나님은 죄는 미워해도, 죄인은 불쌍히 여기셨다. 그래서 다윗을 압살롬의 반역에서 건져 주시고 그에게 다시 왕좌로 돌아올 수 있는 은혜를 베풀어 주셨다. 다윗은 그 하나님의 은혜에 감사하여 자신도 용서를 베푸는 사람으로 살았다. 오늘 본문의 말씀을 통하여 우리에게 주시는 교훈은 무엇일까?

말하기 전에 먼저 깊이 생각하라

오늘 성경을 보면, 압살롬을 피해서 도망가던 다윗 왕을 저주

---

18) 삼하 19:16~23.

했던 베냐민 사람 시므이가 도망갔다가 다시 돌아온 다윗 왕 앞에 나왔다. 그는 다윗 왕의 앞에 엎드려 자신의 죄를 용서해 줄 것을 간청했다.

[19] 왕께 아뢰되 내 주여 원하건대 내게 죄를 돌리지 마옵소서 내 주 왕께서 예루살렘에서 나오시던 날에 종의 패역한 일을 기억하지 마시오며 왕의 마음에 두지 마옵소서(삼하 19:19)

시므이는 다윗이 압살롬에게 쫓겨서 도망칠 때, 다윗의 때는 끝났다고 생각했다. 이스라엘 백성들은 압살롬을 따르고 있었고 다윗은 도망치고 있었으니, 그는 다윗을 저주하고 욕한 것이다. 그러나 그의 생각과는 반대로 압살롬이 죽고 다윗이 왕권을 회복하고 돌아오자 시므이는 다윗 왕에게 다시 나왔다. 자신이 잘못하여 패역한 일을 했던 것을 기억하지 말고 마음에 두지 말라는 것이다. 자신이 죄를 범했다고 고백했다. 그는 떨었을 것이다. '이제 다윗 왕이 다시 왕이 되었으니, 나를 죽이겠구나' 하고 생각했을 것이다. 우리는 말하기 전에 먼저 깊이 생각하고 말해야 한다. 말 한마디로 인생이 낭패로 빠져든 사람들이 많다.

[24] 구부러진 말을 네 입에서 버리며 비뚤어진 말을 네 입술에서 멀리하라(잠 4:24)

우리는 항상 누구에게나 어떤 말을 하든지, 그 말이 사람을 살리는 말인지, 아니면 부정적이고 사람들에게 상처를 주는 말인지 생각하고 말해야 한다.

용서를 결단하라

연약함이 많고 허물이 많은 존재임에도 불구하고 하나님은 우리를 용서하시고 다시 기회를 주시기를 원하신다. 본문을 보면, 다윗도 용서를 결단했다. 다윗의 신하 아비새는 시므이의 이중성을 보면서 분노했다. 과거에는 다윗을 그렇게 욕하고 저주하더니 이제 다시 왕의 자리로 돌아오니 살려달라고 외치는 모습이 가증스러웠다. 그래서 그는 시므이를 죽이는 것이 마땅하다고 생각했다. 그러나 다윗은 시므이를 죽이지 않겠다고 했다.

> [22] 다윗이 이르되 스루야의 아들들아 내가 너희와 무슨 상관이 있기에 너희가 오늘 나의 원수가 되느냐 오늘 어찌하여 이스라엘 가운데에서 사람을 죽이겠느냐 내가 오늘 이스라엘의 왕이 된 것을 내가 알지 못하리요 하고 [23] 왕이 시므이에게 이르되 네가 죽지 아니하리라 하고 그에게 맹세하니라(삼하 19:22~23)

시므이가 다윗을 저주했을 때 다윗은 그를 살려두라고 했다.

자신이 욕을 먹고 저주를 받음으로써 하나님이 자신을 불쌍히 여길 줄 어떻게 알겠냐는 것이었다. 다윗은 자신을 저주한 시므이가 죄를 회개하고 용서를 구하매, 그에게 용서를 베풀어 주었다. 자신도 허물이 많은 사람이고 그런 자신을 용서하신 하나님의 은혜를 기억했기 때문이다. 우리는 인생을 살면서 관용의 마음을 가지고 살아야 한다. 하나님께서 나를 용서하신 것 같이 우리도 나에게 상처를 주고 아픔을 준 사람을 용서하고 품어 주는 관용을 베풀고 살아야 한다.

[29] 나는 마음이 온유하고 겸손하니 나의 멍에를 메고 내게 배우라 그리하면 너희 마음이 쉼을 얻으리니(마 11:29)

예수님은 온유했다. 그래서 끝까지 용서하시고 끝까지 참아 주셨다.

[21] 그 때에 베드로가 나아와 이르되 주여 형제가 내게 죄를 범하면 몇 번이나 용서하여 주리이까 일곱 번까지 하오리이까 [22] 예수께서 이르시되 네게 이르노니 일곱 번뿐 아니라 일곱 번을 일흔 번까지라도 할지니라(마 18:21~22)

베드로가 "형제가 죄를 범할 때 몇 번이나 용서해 줄까요? 일곱 번 용서해 주면 되나요?"라고 예수님께 여쭈어보았다. 베드로는 일곱 번 용서하는 것은 그에게 있어서 대단한 일이라고 생각했을 것이다. 당시에 유대인들은 세 번을 용서하라고 했으니, 일곱 번을 용서하면 예수님께서는 크게 만족하시리라고 생각했을 것이다. 그러나 예수님은 일곱 번씩 일흔 번까지라도 용서하라고 하셨다. 총 490번을 용서하라는 것인데 이것은 무한정으로 용서하라는 의미이다. 이처럼 예수님은 우리가 온유하고 겸손한 마음으로 끝까지 용서하며 살기를 원하신다. 인간이 가진 연약함을 이해하고 사람들을 불쌍히 여기며 용서하고 또 용서하라는 것이다.

다윗은 시므이를 어떻게 용서할 수 있었을까? 압살롬의 반역을 경험하고 보니, 다윗 자신도 하루아침에 사라질 수 있는 존재라는 것을 알았기 때문이다. 그는 살고 죽는 것이 하나님의 손에 달려있다는 것을 깨달았다. 그는 마음에 평안을 가지고 죄인을 용서하며 살아야 함을 깨닫게 되었다. 우리도 우리에게 상처를 주고 아픔을 준 사람을 용서하며 살아가자.

오해가 있을 때 오해를 풀어라

다윗은 요나단의 아들 므비보셋을 오해하고 있었다. 다윗이 도망가는 길에 그가 따라오지 않았기 때문이다. 므비보셋의 종은 므비보셋이 이 기회에 이스라엘 족속들이 아버지 사울의 나라를 자신에게 돌리게 하려고 한다고 말했다. 다윗은 므비보셋을 괘씸하게 여겨 그의 땅을 그의 종 시바에게 모두 주었다. 그러나 므비보셋은 자신이 나귀에 안장을 지워 왕과 함께 가려고 했으나 자신이 제대로 걷지 못하여 따라가지 못했다고 고백했다.

> [26] 대답하되 내 주 왕이여 왕의 종인 나는 다리를 절므로 내 나귀에 안장을 지워 그 위에 타고 왕과 함께 가려 하였더니 내 종이 나를 속이고 [27] 종인 나를 내 주 왕께 모함하였나이다 내 주 왕께서는 하나님의 사자와 같으시니 왕의 처분대로 하옵소서(삼하 19:26~27)

므비보셋의 말을 듣고 나서야 다윗 왕은 자신이 그를 오해하고 있었음을 알게 되었다. 므비보셋이 해명하지 않았으면, 다윗은 모르고 계속해서 오해할 수 있는 부분이었다. 때로 사람들은 오해할 수 있다. 그러나 오해하고 있는 부분이 있다고 한다면 기도하고 그 오해가 있는 부분에 대하여 해명해야 할 필요가 있다. 변명처럼 들리리라고 생각해서 해명하지 않으면 영원히 오해할 수 있기 때문이다.

우리는 사람들에게 말하기 전에 내가 무슨 말을 하려고 하는지 먼저 생각해 보아야 한다. 한 번 말하면 그 말은 주워 담을 수 없기 때문이다. 늘 주변 사람들에게 긍정의 말을 하고, 살리는 말을 하며 살아가자. 우리에게 죄지은 사람들을 용서하고 살아가자. 누군가 내가 한 말을 오해하고 있으면 기도하고 그 사람의 오해를 풀어 주어야 한다.

언약을 기억하라[19]

가나안 땅에 사는 사람들은 하나님의 은혜로 산다. 하나님께서 시절을 따라서 늦은 비, 이른 비를 내려 주셔서 풍성한 추수를 할 수 있기 때문이다. 그러나 다윗의 시대에는 3년 동안이나 비가 오지 않아서 기근이 있었다. 다윗은 왜 이렇게 기근이 계속해서 다가오는가를 하나님께 나아가 간구했다. 그러자 하나님은 다윗에게 말씀하셨다.

> [1] 다윗의 시대에 해를 거듭하여 삼 년 기근이 있으므로 다윗이 여호와 앞에 간구하매 여호와께서 이르시되 이는 사울과 피를 흘린 그의 집으로 말미암음이니 그가 기브온 사람을 죽였음이니라 하시니라(삼하 21:1)

사울 왕이 기브온 사람들을 죽인 것과 기근과는 어떤 관계가

---

19)   삼하 21:1~6.

있을까? 오늘 본문을 통하여 우리에게 주시는 교훈은 무엇일까?

언약을 지키자

> [2] 기브온 사람은 이스라엘 족속이 아니요 그들은 아모리 사람 중에서 남은 자라 이스라엘 족속들이 전에 그들에게 맹세하였거늘 사울이 이스라엘과 유다 족속을 위하여 열심이 있으므로 그들을 죽이고자 하였더라 이에 왕이 기브온 사람을 불러 그들에게 물으니라(삼하 21:2)

여호수아의 군대가 가나안 땅을 점령할 때 기브온 사람들은 여호수아의 군대를 두려워하여 멀리서 온 것처럼 가장하여 여호수아와 불가침의 언약을 했다. 여호수아의 군대가 기브온 민족을 해치지 않겠다는 것이다. 여호수아는 기브온이 어디에 있는지 자세히 알아보지도 않고 단지 그들의 행색이 멀리서 온 것 같아서 의심치 않고 약속했다. 그러나 사울 왕은 가나안 족속들을 정벌할 때, 기브온 사람들과 여호수아가 한 언약을 깨고 기브온 사람들을 죽였다. 사울은 여호수아의 언약을 중요하게 여기지 않았다. 그것은 자신이 언약한 것이 아니니, 지키지 않아도 된다고 생각했던 것이다. 그러나 기브온 사람들은 이스라엘이 여호수아와 기브온 민족과의 언약을 지키지 않고 기브온 사람들을 죽인 것에 대하여 이스라엘 백성들을 저주하였다. 이스라엘에 계속해서 기근이 임했던 이유는 기브온 민족과의 언약을 깨뜨렸기 때문에 기브온 민족이 이스라엘 백성들을 저주하여, 그 저주로 인하여 기근이 임했던 것이었다. 우리는 인생을 살아가면서 언약을 소중하게 여겨야 한다. 한 번 언약을 했으면 하나님과의 언약만이 아니라, 사람과의 언약도 지켜야 하는 것이다.

저주를 끊기 위하여 피 흘림이 있어야 한다

다윗은 기브온 사람들에게 그들의 저주를 푸는 방법이 뭐냐고 물었다. 기브온 사람들은 사울 왕이 여호수아가 언약한 것을 깨뜨리고 기브온 사람들을 죽인 것에 대한 대가로 사울의 자손 중에서 7명의 사람을 내어 주면 그들의 목을 매달겠다고 했다. 그러면 저주가 풀리리라는 것이었다. 다윗에게는 선택의 여지가 없었다. 사울이 언약을 깨뜨리고 기브온 사람들을 죽였기 때문에 다가온 저주이므로, 다윗은 기브온 사람들의 이야기를 들어 주어야 했다. 다윗은 요나단의 아들 므비보셋은 요나단과의 약속이 있었기 때문에 죽게 둘 수는 없었고 다른 자손들 7명을 기브온 사람들에게 넘겨주었다. 기브온 사람들은 그들을 죽였다. 그들이 피를 흘림으로써 기브온의 저주가 풀어지게 되었다.

하나님의 주권을 인정하자

다윗은 사울과 요나단의 뼈가 길르앗 야베스 사람들에 의해서 매장된 것을 알고 그 뼈를 가져다가, 기브온 족속에 의해서 죽은 7명의 자손과 함께 베냐민 족속의 땅 사울의 아버지 기스의 묘에 장사하도록 명령했다. 다윗은 사울 왕이 죽어서도 자기의 가문에 묻히지 못한 것을 안타까워하며, 사울 왕과 요나단, 일곱 명의 자손의 뼈를 기스의 묘에 장사 지내도록 했다. 다윗은 끝까지 사울을 존귀하게 여겼다. 다윗은 사울이 죽을 때까지 사울을 죽일 수도 있는 여러 번의 기회가 있었음에도 불구하고 사울을 죽이지 않고 사울이 죽은 후에도 그의 아버지의 무덤에 장사 지낼 수 있도록 하였다. 이처럼 다윗은 끝까지 사울을 선대했다. 다윗은 자신이 앞서가지 않아도 때가 되면 하나님께서 사울을 폐하시고 자신을 왕으로 세울 날이 올 것을 믿었기 때문이다. 우리도 인생을 살아가면서 하나님을 앞서서 나가지 말고 하나님의 때를 기다리고 하나님의 뜻을 따라서 살아가야 한다.

우리는 매일 많은 약속을 하며 살아간다. 하나님은 우리에게 언약을 깨뜨리지 말고 지키라고 말씀하신다. 율법서를 보면, 다른 사람의 피를 흘린 사람은 피로서 갚아야 한다고 기록하고 있다. 그러므로 우리는 다른 사람이 억울한 피를 흘리지 않도록 해야 한다. 하나님의 주권을 인정하고 끝까지 충성된 믿음을 가지고 살자.

하나님을 찬양하라[20]

다윗은 왕이 되기 전에 수많은 고난과 문제를 만났다. 또한, 다윗은 하나님이 그를 모든 원수의 손과 사울의 손에서 건져 주셨을 때 하나님께 감사하여 시를 지어 하나님을 찬양했다. 오늘 본문을 통하여 다윗은 하나님이 자신에게 있어서 어떤 분이신가를 찬양하고 있다. 우리도 인생을 살아가면서 고난과 문제를 만날 때가 있다. 그런 때 우리에게 있어서 하나님이 어떤 분이신지를 생각해 보고자 한다. 오늘 본문을 통하여 우리에게 주시는 교훈은 무엇일까?

하나님은 우리를 흔들리지 않도록 붙잡아 주신다

성경을 보면, 다윗은 하나님이 자신의 반석이시라고 고백한다.

---

20)   삼하 22:1~13.

[1] 여호와께서 다윗을 모든 원수의 손과 사울의 손에서 구원하신 그 날에 다윗이 이 노래의 말씀으로 여호와께 아뢰어 [2] 이르되 여호와는 나의 반석이시요 나의 요새시요 나를 위하여 나를 건지시는 자시요(삼하 22:1~2)

반석이란 흔들리지 않고 굳게 지켜 주시는 하나님을 상징적으로 표현한다. 하나님은 우리의 반석이 되셔서 흔들리지 않도록 우리를 붙들어 주신다. 인생을 살아가면서 문제는 끊임없이 다가오지만, 하나님은 늘 그 자리에서 우리를 굳게 붙들고 계심을 표현한 것이다. 하나님은 오늘도 우리가 반석이신 하나님을 의지할 때 흔들리지 않게 하신다.

하나님은 우리의 요새이시다. 요새는 적을 피하는 곳이다. 우리가 하나님께로 피할 때 하나님은 우리의 요새가 되셔서 우리를 대적의 손에서 지켜 주신다. 하나님은 우리의 방패이시다. 방패는 그 표면이 험할수록 많은 화살과 창을 막아낸 기록을 보여 준다. 하나님이 우리의 방패가 되신다는 의미는 하나님이 우리의 방패가 되셔서 우리가 맞을 화살과 창과 칼을 대신 맞으심으로써 우리를 보호하시는 하나님이심을 이야기하는 것이다. 다윗은 고난을 통과하는 시기에 이처럼 하나님이 자신을 보호하시고 지켜 주셨음을 찬양하고 있다. 오늘 우리도 하나님이 우리의 반석이시고 우리의 요새이시며, 방패가 되심을 기억하자.

어떤 두려움 가운데서도 하나님이 함께하신다

[5] 사망의 물결이 나를 에우고 불의의 창수가 나를 두렵게 하였으며 [6] 스올의 줄이 나를 두르고 사망의 올무가 내게 이르렀도다(삼하 22:5~6)

다윗의 고백을 보면 그가 얼마나 큰 두려움 속에 빠져 있었는지를 알 수 있다. 자신을 사망의 물결이 에워싸고 불의의 창수가 두렵게 하였으며, 스올의 줄이 두르고 사망의 올무가 자신에게 이르렀다고 고백했다. 한 마디로 죽을 것 같은 두려움이 자신을 사로잡고 있다는 표현이다. 그러나 이런 환난 가운데서도 다윗은 그 환난에서 벗어날 수 있는 비결을 알고 있었다. 그것은 환난 가운데서도 하나님을 의지하며, 하나님께 나아가 부르짖어 기도하면 하나님이 그 기도를 들으시고 자신에게 응답해 주신다는 것이다.

[7] 내가 환난 중에서 여호와께 아뢰며 나의 하나님께 아뢰었더니 그가 그의 성전에서 내 소리를 들으심이여 나의 부르짖음이 그의 귀에 들렸도다(삼하 22:7)

다윗은 자신이 어려움 가운데서 하나님을 부르짖을 때마다 하나님이 성전에서 자신의 부르짖음에 응답하고 계심을 고백하고 있다. 하나님은 오늘도 우리의 간구를 듣고 계신다.

[9] 여호와께서 내 간구를 들으셨음이여 여호와께서 내 기도를 받
으시리로다(시 6:9)

하나님은 우리에게 귀 기울이고 계신다.

[1] 내가 여호와를 기다리고 기다렸더니 귀를 기울이사 나의 부르
짖음을 들으셨도다(시 40:1)

하나님은 오늘도 우리의 부르짖음을 듣고 응답하신다. 우리도
고난과 문제를 통과할 때 하나님께 부르짖어 기도함으로써 문제
를 이기며 살자.

하나님은 심판의 주님이시다

[8] 이에 땅이 진동하고 떨며 하늘의 기초가 요동하고 흔들렸으니
그의 진노로 말미암음이로다(삼하 22:8)

다윗이 곤고한 가운데서 부르짖어 기도했더니 하나님께서 응답
하셨다. 다윗의 기도를 들으시고 하나님께서 진노하시고 심판하

신 것이다. 땅이 진동하고 떨며 하늘의 기초가 요동하였다. 그것은 하나님이 다윗의 기도를 들으시고 진노를 부으셨다는 것이다. 하나님은 그의 백성이 고난 가운데서 부르짖으면 응답하시고 그에게 고난을 준 대상을 향해 진노하시고 심판하신다. 다윗을 죽이려고 했던 모든 사람이 결국 하나님의 심판 앞에서 사라지고 다윗은 하나님의 은혜로 살았다. 오늘도 우리가 고난 가운데서 기도할 때 하나님이 우리의 기도를 듣고 계시고 우리의 대적을 심판하시는 하나님이심을 기억하고 살자.

우리는 고난과 두려운 문제들을 만난다. 그러나 어떤 고난과 두려움 가운데서도 하나님은 우리와 함께하시고 우리의 반석이 되시고 요새가 되시며 방패가 되신다. 고난 속에서 하나님을 의지하고 하나님께 나아가 부르짖어 간구하자. 하나님은 다윗을 건지신 것처럼 우리를 건져 주시며, 우리의 입술로 하나님을 노래하게 하신다.

역경의 순간에 하나님의 손을 붙들라[21]

다윗은 수많은 역경을 만났다. 다윗은 수많은 역경 속에서도 하나님이 자신과 함께하시고 자신을 건져 주심을 믿었다. 오늘 우리도 역경을 지날 때 하나님이 우리를 건져 주시고 지켜 주신다. 오늘 본문을 통하여 우리에게 주시는 교훈은 무엇일까?

우리가 고난을 만날 때 하나님은 손을 내밀어 붙드신다

[17] 그가 위에서 손을 내미사 나를 붙드심이여 많은 물에서 나를 건져내셨도다(삼하 22:17)

다윗은 죽음의 고비를 만날 때마다 그 고비를 넘길 수 있었던 것은 자신의 지혜와 힘이 아니라, 하나님이 손을 내밀어서 자신

---

21)   삼하 22:17~31.

을 붙들어 주시고 건져 주셨기 때문이라고 고백하고 있다. 오늘 우리도 삶을 살아가면서 수많은 위기와 어려움을 만난다. 그러나 그 가운데서도 하나님의 보이지 않는 손이 우리를 붙들고 계심을 알아야 한다.

야베스는 고난을 만났을 때 하나님의 도움의 손이 자신과 함께함을 알고 기도했다.

> [10] 야베스가 이스라엘 하나님께 아뢰어 이르되 주께서 내게 복을 주시려거든 나의 지역을 넓히시고 주의 손으로 나를 도우사 나로 환난을 벗어나 내게 근심이 없게 하옵소서 하였더니 하나님이 그가 구하는 것을 허락하셨더라(대상 4:10)

야베스는 "주의 손으로 나를 도우사 나로 환난을 벗어나 내게 근심이 없게 해 달라"라고 하나님께 간절히 기도했다. 그러자 하나님은 야베스의 기도대로 손을 내밀어 주시고 붙들어 주시고 도와주셨다. 오늘도 우리가 고난 가운데서 하나님께 간구하면, 하나님은 우리의 기도를 들으시고 우리에게 손을 내밀어 주시고 붙들어 주시고 건져 주신다. 다윗과 함께하신 하나님이 오늘 우리와도 함께해 주신다. 많은 물과 같은 대적에게서 건져 주신다. 그 하나님을 의지하고 날마다 승리하는 삶을 살아가자.

다윗은 고백하기를, 하나님이 자신을 도우셔서 넓은 곳으로 인
도하시고 하나님이 그를 기뻐하셔서 구원하셨다는 것이다. 하나
님은 오늘도 우리를 넓은 곳으로 인도하신다.

[20] 나를 또 넓은 곳으로 인도하시고 나를 기뻐하시므로 구원하
셨도다(삼하 22:20)

하나님은 우리를 인도하신다

[1] 여호와는 나의 목자시니 내게 부족함이 없으리로다 [2] 그가
나를 푸른 풀밭에 누이시며 쉴 만한 물가로 인도하시는도다(시
23:1~2)

하나님은 매일 우리를 인도하시고 우리가 이 세상을 떠나 죽을
때까지도 인도하여 주신다.

[14] 이 하나님은 영원히 우리 하나님이시니 그가 우리를 죽을 때
까지 인도하시리로다(시 48:14)

우리에게 흑암과 사망이 다가오지만, 하나님은 그 사망의 그늘
에서 우리를 인도하시고 우리에게 영원한 생명을 주신다.

[14] 흑암과 사망의 그늘에서 인도하여 내시고 그들의 얽어맨 줄을 끊으셨도다(시 107:14)

다윗은 그의 삶 가운데 많은 어둠의 시기를 만났다. 그러나 그가 그런 어둠 속에서도 하나님을 의지할 때 하나님께서는 그의 어둠이 물러가게 하시고 어둠을 밝은 빛으로 밝혀 주셨다. 다윗은 그래서 하나님께서 나의 등불이라고 고백하고 있다. 우리의 삶에 어둠이 다가와도 빛의 근원이신 하나님을 의지하면 하나님은 우리의 어둠을 밝은 빛으로 바꾸어 주신다. 다윗은 하나님께서 자신의 빛이심을 고백하고 있다.

[29] 여호와여 주는 나의 등불이시니 여호와께서 나의 어둠을 밝히시리이다(삼하 22:29)

다윗은 자신이 인생의 어둠을 지날 때마다 하나님이 자신에게 빛을 비추어 주셔서 두려워하거나 무서워하지 않아도 되었다고 고백한다. 오늘 우리도 인생을 살아가면서 우리의 삶에 어둠이 다가온다. 그럴 때마다 이 말씀을 잊지 말자. 하나님은 우리의 빛이시다. 우리가 하나님을 의지할 때 어떤 어둠도 우리를 떠나게 된다.

[1] 여호와는 나의 빛이요 나의 구원이시니 내가 누구를 두려워하

리요 여호와는 내 생명의 능력이시니 내가 누구를 무서워하리요
(시 27:1)

우리가 하나님을 의지할 때 우리의 인생에 다가오는 장애물을
뛰어넘을 수 있다.

[30] 내가 주를 의뢰하고 적진으로 달리며 내 하나님을 의지하고
성벽을 뛰어넘나이다(삼하 22:30)

오늘 우리도 하나님을 의지함으로써 담대하게 적진을 향해 달
리고 하나님을 의지하고 성벽을 뛰어넘는 승리의 삶을 살아가자.
우리는 때로 삶 가운데서 고난과 어려움을 만난다. 그 고난의 순
간에도 하나님은 우리를 버리지 않으시고 손을 내밀어 붙들어
주신다. 하나님은 우리가 어려움 가운데 있을 때 우리를 인도하
여 주시고 우리의 어둠에 빛을 비추어 주시며, 인생에 다가오는
장애물을 뛰어넘게 하신다. 오늘도 하나님을 의지함으로써 다윗
이 경험한 놀라운 은혜의 하나님을 만나자.

제3장

다윗과 함께 부르는 노래

영화와 존귀로 관을 씌우시는 하나님[22)

    다윗은 어느 날 밤하늘을 바라보다가 자신의 삶 가운데 함께
하시는 하나님의 은혜에 감격했다. 그는 살아가면서 수많은 대적
을 만났지만, 그때마다 하나님이 다윗에게 방패가 되어 주시고
요새가 되어 주시고 구원자가 되어 주셔서 자신을 지켜 주시고
인도해 주신 그 은혜가 이루 말할 수 없이 감사했다. 그래서 그
는 시편 8편의 시를 지어 하나님께 찬양을 드렸다. 오늘 우리도
인생을 살아가면서 문제를 만나고 어려움을 만난다. 때로 육신의
질병으로 고통 가운데 살아갈 때도 있다. 그러나 어떤 어려움 가
운데도 결국 하나님께서는 모든 것이 합력하여 선을 이루어 주
실 것을 믿고 다윗과 같이 하나님을 찬양하며, 감사하며 살아가
자. 오늘 본문의 다윗의 시가 우리에게 주는 교훈은 무엇일까?

---

22)   시 8:1~9.

하나님은 어린아이 같은 사람들을 통하여 일하신다

[2] 주의 대적으로 말미암아 어린아이들과 젖먹이들의 입으로 권능을 세우심이여 이는 원수들과 보복자들을 잠잠하게 하려 하심이니이다(시 8:2)

다윗은 하늘의 달과 별을 보면서 그 달과 별을 지으신 전능하신 창조자 하나님이 자신과 함께하셔서 자신과 같이 부족하고 연약한 사람을 통하여 놀라운 일을 이루셨음을 감사하고 있다. 다윗은 자신의 삶을 뒤돌아볼 때, 자신은 어린아이 같고 젖먹이 같은 사람이지만, 하나님은 자신과 같은 사람을 통하여 권능을 세우셔서 원수들과 보복자들을 잠잠하게 하셨다고 고백했다.

블레셋의 거인 골리앗이 이스라엘에 쳐들어왔을 때 다윗은 자신이 골리앗과 싸우겠다고 선포하며 전쟁터로 나아갔다. 다윗은 거인 골리앗에 비하면 어린아이처럼 보였다. 그러나 다윗은 그 순간에도 담대하게 하나님의 이름을 의지하며 전쟁에 나갔다. 하나님은 다윗에게 권능을 주셔서 골리앗을 쓰러뜨리게 하심으로써 큰 승리를 거두게 하셨고, 다윗은 하나님께서 어린아이 같은 자신을 통하여 권능을 세우셨음을 찬양하였다. 오늘도 하나님은 우리가 어린아이 같을지라도, 하나님을 의지하는 사람에게 인생에서 거인 골리앗처럼 다가오는 문제를 쓰러뜨리게 하신다.

하나님께서 다윗을 이스라엘의 제2대 왕으로 기름 부었을 때 다윗은 양을 돌보는 목동이었다. 사울은 그런 다윗을 죽이려고 갖가지의 방법을 써 보았으나, 하나님은 다윗에게 권능을 주셔서 결국은 이스라엘의 왕이 되게 하셨다. 다윗이 능력이 있어서가 아니었다. 하나님이 다윗에게 은혜를 주셔서 가능한 일이었다. 오늘 우리도 인생을 살아가면서 수많은 어려움과 문제를 만날 때 하나님을 의지하고 살아가면, 하나님은 우리를 통하여 놀라운 일을 이루신다.

하나님은 항상 우리를 사랑의 눈으로 보고 계신다

[3] 주의 손가락으로 만드신 주의 하늘과 주께서 베풀어 두신 달과 별들을 내가 보오니 [4] 사람이 무엇이기에 주께서 그를 생각하시며 인자가 무엇이기에 주께서 그를 돌보시나이까(시 8:3~4)

다윗은 하나님께서 손가락으로 하늘을 지으셨고 달과 별들을 하늘에 베풀어 두셨다고 고백했다. 그 모든 것이 하나님이 창조하신 것이라고 고백한 것이다. 다윗은 어두운 밤길을 걷는 그에게 하늘의 달과 별을 띄워 가는 길에 빛을 비추어 주셔서 밝혀주시는 하나님을 찬양했다. 다윗은 하나님을 묵상할 때 그의 마음속에 놀라운 은혜가 충만하게 올라왔다. 내가 무엇인데 하나님이 나를 그처럼 생각하실까? 내가 무엇인데 하나님이 나를 그처럼 돌보시나? 다윗이 하나님의 자녀이기 때문이다.

오늘 우리는 우리 자신이 하나님이 택하신 하나님의 자녀라는 사실을 잊지 말아야 한다. 삶이 힘들고 어려워도, 그 순간에도 하나님은 우리를 사랑하시고 우리의 모든 것을 채워 주신다. 하나님이 밤길을 걸어가는 다윗에게 밝은 빛으로 갈 길을 비추어 주신 것처럼, 우리에게도 빛을 비추어 나아갈 길을 열어 주신다.

누가복음 15장을 보면, 예수님이 비유로 말씀하신 돌아온 탕자의 이야기가 나온다. 둘째 아들은 아버지가 장차 자신에게 줄 유산을 미리 정리해 달라고 해서, 다른 나라에 가서 장사를 했으나, 모두 탕진하고 빈손으로 돌아왔다. 그런데 아버지는 그런 아들을 내쫓지 않으시고 그를 환영하고 그를 위하여 잔치까지 열어 주었다. 탕자는 우리를 의미하고 아버지는 하나님을 의미한다. 아버지가 집 나간 탕자를 매일 기다리고 있었듯이, 하나님은 그의 사랑으로 우리를 매일 기다리고 계셨다. 하나님은 오늘도 우리를 사랑의 눈으로 매 순간 지켜보고 계신다. 날마다 하나님이 우리를 사랑하고 계심을 알고 감사하는 마음으로 살아가자.

하나님은 우리를 영화롭고 존귀하게 하셨다

[5] 그를 하나님보다 조금 못하게 하시고 영화와 존귀로 관을 씌우셨나이다(시 8:5)

다윗은 하나님이 사람을 지으셨을 때 하나님보다 조금 못하게 지으셨다고 고백한다. 하나님은 사람을 지을 때 하나님의 형상과 모양대로 지으셨다. 하나님보다 조금 못하게 하셨다는 것은 하나님이 사람을 얼마나 대단하게 지으셨는가를 보여 준다.

[27] 하나님이 자기 형상 곧 하나님의 형상대로 사람을 창조하시되 남자와 여자를 창조하시고(창 1:27)

성경에서는 하나님께서 동물이나 식물을 지을 때 하나님의 형상과 모양대로 지었다는 말씀을 찾아볼 수 없다. 오직 사람을 지을 때 하나님은 자신의 형상대로 사람을 창조하셨다. 그것은 하나님이 사람을 지을 때 그만큼 그들에게 특별히 더 관심을 가지고 계셨음을 의미한다. 하나님이 지으신 아름다운 세계를 누구에게 맡길 수 있을까? 집 한 채를 지어서 그 집을 누군가에게 맡기는 것도 작은 일이 아닌데, 아름다운 세계를 만드시고 그 세계를 아담과 하와에게 맡기셨다는 것은 그만큼 하나님이 아담과 하와를 사랑하시고 그들을 믿으셨다는 것이다. 하나님은 아담과 하와에게 영화와 존귀로 관을 씌워 주시고 그들을 인정해 주셨다.

다윗도 돌아보니, 목동이었던 자신을 부르셔서 왕이 되게 하시고, 자신에게 영화와 존귀로 관을 씌워 주신 그 놀라우신 하나님의 은혜를 깨달았기에 이를 찬양하고 감사하고 있다. 오늘 우리도 우리 자신의 삶을 돌아보아야 한다. 오늘까지 살아온 것이 하나님의 은혜이다. 하나님이 우리에게 행하신 놀라운 은혜에 감사하며 살아가자.

우리는 인생을 살아가면서 자신이 얼마나 형편없고 부족한 존재인가를 깨닫고 자신도 모르게 다른 사람과 자신을 스스로 비교하며, 열등감 속에서 살아갈 때가 있다. 그러나 하나님은 우리가 지혜롭고 완벽해서 우리를 하나님의 자녀로 부르시는 것이 아니다. 우리가 어린아이 같고 연약해도 하나님은 우리를 사용하신다고 말씀하신다. 하나님은 오늘도 우리를 사랑의 눈으로 바라보고 계신다. 하나님께서는 우리가 죄 가운데 빠져도 탕자를 기다린 아버지같이 늘 우리를 기다리시고 우리를 품어 주신다. 하나님께서는 우리를 영화롭고 존귀하게 하셨다. 다윗과 같이 우리도 하나님께 날마다 찬양과 영광과 감사를 드리는 예배자로 살아가자.

숨어 계시는 하나님[23)]

어떤 때는 우리가 열심히 기도해도 하나님이 응답하는 것 같지 않고 하나님을 열심히 찾아도 하나님이 내 곁에 계시는 것 같지 않을 때가 있다. 다윗도 하나님을 믿고 의지하며, 찬양하는 사람이었으나, 하나님이 자신의 기도를 듣고 계시지 않으시고 문제가 해결될 것 같지 않은 답답한 순간을 보낼 때가 있음을 고백하고 있다. 오늘 다윗의 시를 통해서 우리에게 주시는 진리의 말씀은 무엇인가?

하나님은 때로 숨어 계신다

[1] 여호와여 어느 때까지니이까 나를 영원히 잊으시나이까 주의 얼굴을 나에게서 어느 때까지 숨기시겠나이까(시 13:1)

---

23) 시 13:1~6.

우리는 때로 고난의 시간을 지날 때 하나님이 보이지 않는다. 하나님은 우리가 고난을 통과하는 순간에 숨어 계시는 것 같다. 하나님을 가장 만나길 원하는 순간인데, '하나님께서 나를 잊어 버린 것은 아닌가?', '하나님이 지금도 나의 기도를 듣고 계시는 가?' 하는 생각이 들 때가 있다.

욥기서 23장은 고난 가운데서 부르짖는 욥의 절규이다.

[8] 그런데 내가 앞으로 가도 그가 아니 계시고 뒤로 가도 보이지 아니하며 [9] 그가 왼쪽에서 일하시나 내가 만날 수 없고 그가 오 른쪽으로 돌이키시나 뵈올 수 없구나 [10] 그러나 내가 가는 길을 그가 아시나니 그가 나를 단련하신 후에는 내가 순금같이 되어 나오리라(욥 23:8~10)

욥은 앞으로 가도 하나님이 안 계시고 뒤로 가도 하나님이 보 이지 않으시고 왼쪽에서 일하시나 만날 수 없고 오른쪽으로 돌 이키시나 뵐 수가 없다고 말한다. 어디에서도 하나님을 볼 수 없 지만, 마음속의 분명한 확신은 이 어려움의 순간은 하나님이 나 를 단련하시는 시기이며, 이 단련을 통과하고 나면 내가 순금같 이 되어 나올 것이라는 확신이다. 우리는 하나님이 보이지 않는 그 순간에도 하나님이 우리와 함께하심을 믿고 하나님을 의지해 야 한다.

다윗은 사울 왕이 자신을 죽이려고 하고 삶에 큰 고통을 주는 순간에 하나님께서 기도에 응답하는 것 같지 않고 숨어 계시는 것 같지만, 하나님은 반드시 자신의 기도에 응답하시는 날이 올 것이라는 확신과 믿음을 가지고 있다. 오늘 우리도 문제를 만나고 어려움을 만날 때 하나님이 숨어 계신 것 같지만, 그 순간에도 하나님은 우리와 함께하시고 일하고 계신다는 것을 기억해야 한다. 하나님의 때에 하나님은 반드시 길을 열어 주신다.

하나님께 마음을 쏟아 놓자

다윗은 고난을 통과하는 순간임에도 하나님이 침묵하는 때, 하나님이 보이지 않는 때도 기도를 포기하지 않았다. 사람들은 하나님이 기도를 듣고 계시는 것 같지 않으면 하나님께 기도하는 것을 포기하는 경우가 있다. 낙심과 절망이 다가와서 기도하는 것을 포기하는 것이다. 그러나 그런 시기에도 다윗은 더욱 하나님께 나아가 자신의 마음을 솔직하게 쏟아 놓았다. 다윗은 자신의 문제를 있는 그대로 고백했다. 자기 마음속의 두려움, 염려, 걱정을 있는 그대로 진솔하게 하나님께 나아가 드러냈다. 모든 것을 알고 계시는 하나님께 무엇을 감출 것이 있겠는가? 다윗의 고백을 들어 보자.

[2] 나의 영혼이 번민하고 종일토록 마음에 근심하기를 어느 때까지 하오며 내 원수가 나를 치며 자랑하기를 어느 때까지 하리이까 (시 13:2)

다윗은 자신에게 영혼의 번민이 있을 때, 근심이 있을 때 자신의 번민과 근심을 하나님께 고백했다. 우리의 마음에는 어떤 불안이 있는가? 우리도 하나님께 감추지 말고 그대로 말씀드리자.

[3] 여호와 내 하나님이여 나를 생각하사 응답하시고 나의 눈을 밝히소서 두렵건대 내가 사망의 잠을 잘까 하오며(시 13:3)

다윗은 하나님께서 응답해 주셔서 자신이 사망의 잠에 빠지지 않도록 해 달라고 기도했다. 우리도 절망의 문제를 하나님께 감추지 말고 고백하자. 하나님은 지금 이 순간에도 듣고 계신다.

[4] 두렵건대 나의 원수가 이르기를 내가 그를 이겼다 할까 하오며 내가 흔들릴 때에 나의 대적들이 기뻐할까 하나이다(시 13:4)

다윗에게 있는 또 하나의 걱정은 자신의 흔들림으로 인하여 대적이 기뻐할 수 있다는 것이었다. 다윗은 최종적인 승리를 하나님이 주실 것이지만, 그 사이에 다윗의 흔들림이 대적들에게 오해를 주어 자신들이 이길 것이라는 확신을 주게 될까 봐 걱정이라는 것이다. 우리도 인생을 살아가면서 많은 염려와 걱정을 한다. 그 모든 걱정과 염려를 하나님께 맡기자. 하나님은 오늘도 우리의 기도를 들으시고 하나님의 때에 응답을 베풀어 주신다.

하나님의 사랑을 의지해야 한다

> [5] 나는 오직 주의 사랑을 의지하였사오니 나의 마음은 주의 구원을 기뻐하리이다 [6] 내가 여호와를 찬송하리니 이는 주께서 내게 은덕을 베푸심이로다(시 13:5~6)

다윗은 어떤 문제가 있더라도 자신은 하나님의 사랑을 의지하고 있다고 고백하고 있다. 사랑의 하나님께서 자신의 모든 것을 책임져 주실 것이라는 믿음의 고백이다. 오늘 우리도 이런 고백을 해야 한다. 우리의 삶에 어떤 문제가 있고 어려움이 있어도, 하나님이 지금 이 순간도 나를 사랑하시니, 나의 모든 것이 해결될 것이라는 믿음을 가져야 한다. 하나님은 우리를 사랑하셔서 그의 하나밖에 없는 아들을 십자가에 내어 주셨다. 예수님은 우리를 위하여 피 흘리시고 돌아가셔서 우리에게 구원을 베풀어 주셨다. 그토록 우리를 사랑하시는 하나님은 우리를 절대로 포기하지 않으신다.

하나님의 사랑을 바라볼 때 우리는 모든 문제와 어려움을 이길 수 있다는 확신을 가지게 된다. 하나님이 나를 사랑하고 계심을 기억할 때 지금 내가 통과하고 있는 어려움이나 문제는 아무것도 아니라는 믿음을 갖게 된다. 오늘 우리도 하나님의 사랑을 의지하고 살자. 어떤 순간에도 기쁨을 놓치지 말자. 다윗은 "나의 마음은 주의 구원을 기뻐한다"라고 고백했다. 지금 어려움이 있어도 결국 주님이 나를 구원하시리라는 것을 생각할 때 그 마음에 기쁨을 가지고 살 수 있었다. 우리도 이런 기쁨을 붙들고 살아가자.

우리는 삶 가운데서 큰 고난을 겪을 때가 있다. 그런 고난을 통과할 때는 하나님이 잘 보이지 않는다. 하나님이 나를 잊어버린 것 같다. 그러나 그 순간에도 하나님께서는 우리와 함께하고 계신다. 우리가 문제를 만날 때 하나님께 나아가 우리의 모든 염려와 두려움을 맡기자. 하나님께서는 오늘도 우리의 기도를 듣고 계신다. 하나님의 사랑을 의지하고 살자. 사랑의 하나님께서 우리의 모든 연약함을 돌보아 주신다.

나의 주인이신 하나님[24)]

　우리는 문제를 만날 때 두려워하지 말아야 한다. 그 이유는 그 순간에도 하나님이 우리와 동행하시고 우리를 지키고 계시기 때문이다. 다윗은 문제를 만날 때마다 하나님을 향해서 노래했다. 하나님이 자신을 지켜 주실 것을 믿고 하나님을 찬양한 것이다. 오늘 본문에서도 다윗은 하나님의 도움이 필요할 때 "하나님이여 나를 지켜 주소서 내가 주께 피하나이다(시 16:1)"라고 노래하고 있다. 다윗은 하나님께 피하고 하나님을 의지하면 하나님께서 자신을 도와주실 것을 믿었다. 오늘 본문을 통하여 우리에게 주시는 진리의 말씀은 무엇일까?

---

24)　시 16:1~11.

하나님은 나의 주인이시다

[2] 내가 여호와께 아뢰되 주는 나의 주님이시오니 주 밖에는 나의 복이 없다 하였나이다(시 16:2)

다윗은 하나님이 나의 주님이시며, 주 밖에는 나의 복이 없다고 고백하고 있다. 우리는 삶 가운데 수많은 위기를 만나지만, 하나님께서 나의 주인이심을 고백하고 하나님을 의지하면, 하나님은 우리의 문제를 해결해 주신다. 다윗은 온 우주와 만물을 창조하신 하나님께서 자신의 주인이심을 고백했다. 오늘 우리도 하나님이 나의 주인이심을 믿고 고백하자. 오늘도 하나님께서는 나의 주인이 되셔서 나의 모든 것을 돌보고 계신다.

하나님은 나의 가정의 주인이 되시기 때문에 가정의 문제로 걱정할 필요가 없다. 주인이신 하나님께서 나의 가정을 돌보시기 때문이다. 하나님은 나의 자녀의 주인이 되신다. 그러니 자녀로 인하여 걱정할 필요가 없다. 주인이신 하나님께서 나의 자녀를 돌보신다. 하나님께서는 나의 육체의 주인이 되신다. 그러니 육체의 질병이 다가올 때 하나님께 맡기면 하나님께서 우리의 육체의 모든 병을 고쳐 주신다.

[3] 땅에 있는 성도들은 존귀한 자들이니 나의 모든 즐거움이 그

들에게 있도다(시 16:3)

하나님은 우리를 존귀하게 여겨 주시고 우리를 지켜 주신다. 다윗은 은혜의 하나님을 찬양하고 노래하였다. 오늘 우리도 모든 문제를 하나님께 맡기고 하나님을 찬양하고 노래하며 살아가자. 하나님께 맡긴다고 해서 나는 아무것도 하지 않아도 된다는 의미는 아니다. 하나님께서 돌보실 것을 믿으며 기도함과 동시에 우리가 해야 할 일은 최선을 다해야 한다는 의미이다. 가족들을 돌보기 위해서 열심히 일하고 자녀와의 충분한 대화를 통하여 자녀에게 지혜를 가르쳐 주어야 하며, 건강을 위해서 평소에 균형 있는 식사와 운동을 통하여 몸을 잘 돌보아야 한다.

하나님은 나의 소득이시다

[5] 여호와는 나의 산업과 나의 잔의 소득이시니 나의 분깃을 지키시나이다 [6] 내게 줄로 재어 준 구역은 아름다운 곳에 있음이여 나의 기업이 실로 아름답도다(시 16:5~6)

하나님은 우리가 살아가는 동안에 우리의 모든 소득의 원천이 되신다. 다윗은 하나님이 나의 산업과 나의 잔의 소득이라고 고백했다. 다윗은 자신이 지혜롭고 수완이 좋아서 소득을 얻는 것이 아님을 알았다. 하나님이 채워 주셔야 자신의 모든 것이 채워지는 것을 알았던 것이다. 다윗은 사울 왕이 그를 죽이려고 하자, 정처 없는 방랑의 길을 떠났다. 어디에서 자고 어디에서 먹고 어떻게 살아야 할지 몰랐다. 그러나 그럼에도 불구하고 다윗은 하나님이 자신의 소득의 근원이시며, 자신의 예비자가 되심을 믿었다. 살길이 없었지만, 하나님을 의지할 때 하나님이 날마다 그를 돌보아 주심을 알았다. 하나님은 다윗이 가는 곳마다 먹을 것을 주셨고 그의 입을 것을 주셨으며, 그의 인생을 책임져 주셨다. 하나님이 다윗의 소득이 되어 주셨다. 오늘 우리도 인생을 살아가면서 걱정되고 염려될 때가 있다. 그러나 염려하지 말자. 하나님이 우리의 소득이 되어 주시고 하나님이 우리의 인생을 인도해 주신다.

> [31] 그러므로 염려하여 이르기를 무엇을 먹을까 무엇을 마실까 무엇을 입을까 하지 말라 [32] 이는 다 이방인들이 구하는 것이라 너희 하늘 아버지께서 이 모든 것이 너희에게 있어야 할 줄을 아시느니라(마 6:31~32)

예수님은 우리에게 무엇을 먹을까, 무엇을 마실까, 무엇을 입을까를 염려하지 말라고 말씀하신다. 하나님이 우리의 소득이 되셔서 우리의 모든 것을 채워 주시고 공급해 주신다.

하나님을 항상 내 앞에 모시자

[7] 나를 훈계하신 여호와를 송축할지라 밤마다 내 양심이 나를
교훈하도다 [8] 내가 여호와를 항상 내 앞에 모심이여 그가 나의
오른쪽에 계시므로 내가 흔들리지 아니하리로다(시 16:7~8)

다윗은 나를 훈계하신 하나님을 송축하겠다고 고백한다. 다윗
은 날마다 주야로 하나님의 말씀을 묵상했다. 그 말씀이 다윗의
마음의 양심에 교훈을 주었다. 다윗은 늘 하나님을 의지하고 하
나님께 기도했다. 기도를 드릴 때마다 다윗은 하나님이 늘 자신
과 함께하심을 알았다. 그는 항상 하나님을 자신의 앞에 모시고
살았다. 우리도 항상 하나님을 모시고 살아갈 때 하나님이 우리
를 도와주신다. 흔들리지 않는 삶을 살게 된다. 매일 하나님의
말씀을 읽고 묵상하고 그 말씀을 자신에게 적용하며 기도의 삶,
예배자의 삶을 게을리하지 말아야 한다.

[11] 주께서 생명의 길을 내게 보이시리니 주의 앞에는 충만한 기
쁨이 있고 주의 오른쪽에는 영원한 즐거움이 있나이다(시 16:11)

주님을 항상 나의 앞에 모시고 살아가는 사람에게 하나님은 생
명의 길을 보여 주신다. 그래서 충만한 기쁨과 즐거움을 가지고
살 수 있도록 인도해 주신다. 오늘 우리도 주님을 의지함으로써

주님이 주시는 기쁨과 즐거움 속에서 살아가자.

　우리는 인생을 살아가면서 많은 문제를 만난다. 그러나 그런 순간에도 하나님을 나의 주인으로 모시고 살아야 한다. 하나님이 나의 소득이 되셔서 나의 모든 것을 채워 주실 것을 믿어야 한다. 매 순간 항상 하나님을 나의 앞에 모시고 하나님의 말씀에 귀를 기울이고 기도하여 응답받는 삶을 살아가자.

나의 힘이신 하나님[25)]

    다윗은 오랜 세월 동안 사울로 인하여 어려움을 당했지만, 하나님은 위기의 순간마다 사울의 손에서 다윗을 건져 주셨다. 다윗은 그 은혜가 너무나 감사해서 사울의 손에서 벗어나 승리를 거둔 후에 시편 18편을 기록하면서 하나님을 노래했다. 오늘 본문을 통하여 우리에게 주시는 진리의 말씀은 무엇인가?

하나님은 나의 힘이시다

    시편 18편의 표제어를 보면, '하나님이 다윗을 그의 적들의 손과 사울의 손에서 건져 주신 날 하나님께 드린 찬양'이라고 소개하고 있다.

---

25)   시 18:1~6.

[1] 나의 힘이신 여호와여 내가 주를 사랑하나이다 [2] 여호와는 나의 반석이시요 나의 요새시요 나를 건지시는 이시요 나의 하나님이시요 내가 그 안에 피할 나의 바위시요 나의 방패시요 나의 구원의 뿔이시요 나의 산성이시로다(시 18:1~2)

다윗은 "나의 힘이신 여호와여"라고 고백했다. 사울 왕은 당시에 최고의 권력을 가진 사람이었다. 그런 사람이 다윗을 죽이려고 하는데 누가 다윗을 도와줄 수 있었겠는가? 다윗은 그런 상황에서, 자신이 의지할 수 있는 분은 오직 하나님 외에는 없고 오직 하나님만이 자신의 힘이 되신다고 고백했다. 하나님은 다윗에게 있어서 흔들리지 않는 굳건한 반석이었다. 다윗은 어떤 어려움이 있어도 하나님을 의지하면 흔들리지 않을 수 있었다. 하나님은 적들로부터 다윗을 지켜 주시는 요새였다. 아무리 사울이 다윗을 죽이려고 해도, 하나님이 다윗의 요새가 되시니, 사울은 다윗을 해할 수 없었다. 하나님은 다윗을 건지시는 하나님이셨다. 위기를 만날 때마다 다윗이 하나님을 의지하면, 하나님은 다윗을 위기에서 건져 주셨다.

오늘 우리도 인생을 살면서 다윗과 같이 어려움을 만나고 위기를 만날 때가 있다. 병들 때가 있고 자녀들의 문제로 고민할 때가 있다. 그럴 때 우리는 하나님을 의지해야 한다. 우리가 하나님을 의지할 때 하나님은 우리의 힘이 되어 주신다. 다윗처럼 우리는 나의 힘이 되신 하나님을 찬양하고 하나님이 나의 반석 이시요, 요새요, 나를 건지시는 이심을 고백하며 나아가자. 하나님이 우리에게 승리의 삶을 살게 하신다.

하나님은 길을 열어 주신다

[4] 사망의 줄이 나를 얽고 불의의 창수가 나를 두렵게 하였으며 [5] 스올의 줄이 나를 두르고 사망의 올무가 내게 이르렀도다 [6] 내가 환난 중에서 여호와께 아뢰며 나의 하나님께 부르짖었더니 그가 그의 성전에서 내 소리를 들으심이여 그의 앞에서 나의 부르짖음이 그의 귀에 들렀도다(시 18:4~6)

다윗은 두려웠다. 사망의 줄이 자신을 얽고 불의의 창수가 자신을 두렵게 하였다고 고백한다. 그는 사울 왕이 언제 자신을 죽일지 모르는 위협 속에서 살았다. 그러나 다윗은 그런 위협 속에서도 하나님을 의지하고 하나님을 바라보며, 하나님께 나아가 간절히 기도하였다. 6절을 보면, "내가 환난 중에서 여호와께 아뢰며"라고 말하고 있다. 다윗은 환난을 만났을 때 하나님께 간구했다. 인생의 문제를 만나고 환난을 만날 때 우리가 해야 할 일은 하나님께 간구하는 일이다. 우리가 문제를 만나고 어려움을 만날 때 하나님께 간절히 기도하면 하나님은 길을 열어 주신다.

다윗이 하나님께 기도했더니 하나님은 다윗의 기도에 귀를 기울이시고, 다윗의 기도를 들으셨다. 다윗은 마음속에 분명한 확신이 있었다. 그것은 하나님께서 자신이 기도할 때, 자신의 기도를 들어 주시고 그를 원수의 손에서 건져 주실 것이라는 확신이다.

> [6] 내가 환난 중에서 여호와께 아뢰며 나의 하나님께 부르짖었더니 그가 그의 성전에서 내 소리를 들으심이여 그의 앞에서 나의 부르짖음이 그의 귀에 들렸도다(시 18:6)

오늘 우리도 문제를 만날 때 하나님께 기도하면 하나님은 우리의 기도에 귀를 기울이시고 놀라운 응답으로 함께하신다. 성경을 보면, 믿음의 사람들은 문제를 만날 때마다, 하나님께 나아가 간절히 부르짖고 기도하였다. 하나님은 그들의 간구를 들으시고 놀라운 기적을 베풀어 주셨다. 모세가 기도할 때 하나님은 모세의 기도를 들어 주셨고 엘리야가 기도할 때 하나님은 엘리야의 기도를 들어 주셨다. 하나님은 오늘도 우리가 하나님께 간구할 때 우리의 기도를 들어 주신다.

> [7] 구하라 그리하면 너희에게 주실 것이요 찾으라 그리하면 찾아낼 것이요 문을 두드리라 그리하면 너희에게 열릴 것이니(마 7:7)

하나님은 흑암을 빛으로 바꾸어 주신다

[28] 주께서 나의 등불을 켜심이여 여호와 내 하나님이 내 흑암을 밝히시리이다(시 18:28)

다윗이 인생의 어둠을 만날 때마다 하나님께 기도하면, 하나님은 다윗에게 빛을 비추어 주셨다. 다윗의 삶에서 문제와 어둠이 떠나게 하시고 해결책을 제시해 주셨으며 밝은 빛을 비추어 주셨다. 다윗은 시편 27편 1절에서도 "하나님이 나의 빛이요, 나의 구원이니 내가 누구를 두려워하겠는가"라고 고백하였다. 하나님은 자기 생명의 능력이기 때문에 어떤 문제가 다가와도 무서워할 이유가 없다고 고백했다. 하나님은 우리가 어둠 가운데 있을 때 등불을 켜 주시고 우리가 캄캄한 인생의 시간을 지날 때 빛을 비추어 주시기 때문에 우리는 어떤 두려움도 하나님께 맡기고 살 수 있다. 오늘 우리도 인생의 길을 걸어가면서 어두움 가운데 처할 때가 있지 않은가? 어둡고 캄캄한 문제가 있다고 할지라도, 하나님을 의지하면 하나님은 그 어둠을 바꾸어 빛이 되게 하신다는 것을 기억하자. 하나님께서 다윗의 고통의 순간을 빛으로 밝혀 주신 것처럼, 하나님을 의지함으로써 밝은 삶을 살아가자.

우리는 인생을 살아가면서 수많은 문제를 만난다. 그러나 어떤 문제를 만나더라도 하나님이 나의 힘이 되심을 믿고 살아가자.

하나님이 도와주신다. 삶 가운데서 문제를 만날 때 우리는 누구를 의지하는가? 하나님을 의지하고 하나님께 기도하자. 하나님이 우리의 기도를 들어 주시고 응답해 주신다. 인생이 캄캄하고 어둠이 삶을 덮을 때 하나님께서는 우리에게 빛을 비추어 주신다. 하나님을 의지하고 믿음으로 살아가자.

담을 뛰어넘게 하시는 하나님[26)]

우리 앞에는 때때로 우리의 꿈을 좌절시키는 문제의 담이 놓여 있을 때가 있다. 오늘 본문에도 보면 다윗은 차기 왕으로서 기름 부음을 받았으나, 아직도 사울 왕이 왕위에 있었기 때문에 사울 왕의 위협으로 극심한 고난 속에서 살아가야 했다. 그의 앞에는 견고한 담이 그의 삶을 가로막고 있었던 것이다. 그러나 다윗은 그런 장애물이 자신의 앞을 막아도, 그는 하나님께서 그 담을 뛰어넘는 은혜를 주신다고 고백했다. 오늘 우리도 다윗과 같이 인생의 문제와 어려움을 만날 때 절망하지 말고 인생에 다가오는 문제의 담을 뛰어넘자. 오늘 다윗의 시를 통해서 우리에게 주시는 진리의 말씀은 무엇일까?

하나님은 우리에게 등불을 켜 주신다

[28] 주께서 나의 등불을 켜심이여 여호와 내 하나님이 내 흑암을 밝히시리이다(시 18:28)

다윗의 인생에 어두움이 다가왔다. 사울 왕이 자신을 죽이려고 하니, 주변에서 다윗을 도울 수 있는 사람은 별로 없었다. 그의 삶은 어둠 그 자체였다. 그러나 그가 어떤 어둠에 있어도 하나님을 바라보고 하나님을 의지하니 하나님은 늘 그에게 해결책을 주셨다. 다윗은 그가 어둠 속에 있을 때마다 하나님이 자신의 빛이 되어 주셨다고 고백한다. 다윗은 하나님이 자신에게 등불을 켜 주셨다고 고백한다. 창세기 1장을 보면, 하나님이 천지와 만물을 창조하실 때 제일 먼저 빛이 있으라 선언하셔서 어둠이 가득했던 우주에 빛이 충만하게 하셨다. 오늘 우리도 삶 가운데 어둠이 있지 않은가? 어떤 어려움이나 어둠이 있다 하더라도, 하나님께서 그 어둠에 밝은 빛을 비추어 주심을 믿자. 하나님은 우리를 위하여 등불을 켜 주신다.

하나님을 의지하고 문제의 담을 뛰어넘어라

[6] 내가 주를 의뢰하고 적군을 향해 달리며 내 하나님을 의지하

고 담을 뛰어넘나이다(시 18:29)

다윗에게는 수많은 적이 있었다. 다윗에게 있어서 사울 왕과 블레셋과 같은 적은 높은 담과 같았다. 그러나 다윗은 그렇게 문제의 담이 자신의 앞길을 가로막고 있을 때마다 그 문제의 담을 뛰어넘었다. 어떻게 다윗이 그 문제의 담을 뛰어넘을 수 있었을까? 다윗이 하나님을 의지했기 때문이다. 우리가 인생의 높은 담을 만나거나 삶의 장애물을 만날 때 우리가 찾고 의지할 분은 하나님이시다. 우리가 하나님께 나가 간구할 때 하나님은 응답해 주시고 우리에게 높은 장벽을 뛰어넘을 수 있는 은혜를 주신다.

> [7] 구하라 그러면 너희에게 주실 것이요 찾으라 그러면 찾을 것이요 문을 두드리라 그러면 너희에게 열릴 것이니 [8] 구하는 이마다 얻을 것이요 찾는 이가 찾을 것이요 두드리는 이에게 열릴 것이니라(마 7:7~8)

누가복음 18장을 보면, 인생의 높은 장벽을 만난 한 과부의 이야기가 나온다. 그 여인은 억울한 일을 당했다. 그러나 아무도 그 여인을 도와주려는 사람이 없었다. 그러나 그 여인은 포기하지 않았다. 그 여인은 자신의 문제를 해결해 줄 수 있는 그 마을의 재판장을 떠올렸다. 성경을 보면, 그 재판장은 불의한 사람이라고 말하고 있지만, 그 여인은 그 재판장에게 가서 자신의 억울한 일을 아뢰었다. 그 재판장은 불의한 사람이라서 처음에는 여인의 문제를 해결해 주려고 하지 않았다. 그러나 그럼에도 불구하고 그 여인은 포기하지 않고 끈질기게 재판장에게 나아가 간청했다. 그러자 불의한 재판관은 그 여인의 끈질긴 간청을 이기지 못하여 여인의 간구를 들어 주었다. 놀라운 사실은 하나님은 불의한 재판관이 아니요, 의의 재판관이시며, 우리의 간구를 듣기 싫어하는 하나님이 아니요, 우리의 간구를 듣길 원하시고 응답하길 원하시는 분이라는 사실이다.

인생을 살아가면서 우리 앞의 어떤 장애물이 우리를 가로막을지라도 그 장애물은 하나님을 의지할 때 우리가 뛰어넘을 수 있는 장애물이라는 것을 기억하자. 하나님을 의지하는 믿음으로 우리에게 다가오는 담을 뛰어넘고 승리하는 삶을 살아가시기를 기도한다.

하나님은 우리의 방패이시다

[35] 또 주께서 주의 구원하는 방패를 내게 주시며 주의 오른손이 나를 붙들고 주의 온유함이 나를 크게 하셨나이다(시 18:35)

오늘 본문을 보면, 하나님이 구원하는 방패를 내게 주신다고 다윗은 고백한다. 다른 본문에서는 다윗은 하나님이 자신의 방패라고 고백하고 있다.

[3] 여호와여 주는 나의 방패시요 나의 영광이시요 나의 머리를
드시는 자이시니이다(시 3:3)

우리가 인생의 문제를 만날 때 잊지 말아야 할 것은 그 순간에
도 하나님이 우리의 방패가 되신다는 것이다. 다윗이 고백한 "하
나님이 나의 방패"라는 말은 큰 의미를 가지고 있다. 당시에 전쟁
에 나갔던 군인들의 방패를 보면 그 표면이 곱지 않다. 어떤 방패
는 화살을 막아내고 창을 막아내느라 방패의 표면이 긁히고 상
해 있는 것을 볼 수 있다. 하나님이 우리의 방패라는 의미는 하나
님이 우리의 방패가 되셔서 우리를 향해서 날아오는 화살을 대
신 맞아서 막아 주시고 우리를 치는 칼을 대신 맞아서 막아 주
셨으며 우리를 찌르는 창을 대신 맞아서 지켜 주셨다는 것이다.
방패의 표면이 거칠수록 그 방패 뒤에서 피하는 사람의 생명을
그 방패가 지켜 주었다는 것이다. 하나님은 우리가 고난과 어두
움의 시간을 통과할 때 우리의 방패가 되셔서 우리를 지켜 주셨
다. 예수님은 십자가 위에서 우리의 방패가 되셔서 우리에게 다
가올 죽음을 대신 담당하시고 우리에게 구원을 주시고 영원한
생명을 주셨다.

하나님은 그의 오른손으로 우리를 붙들고 계신다

오늘 본문을 보면, 다윗은 하나님이 자신을 오른손으로 붙잡고 계신다고 고백하고 있다. 오른손은 의로운 손이고 힘이 있는 손이다. 다윗은 그의 인생이 힘들고 어렵거나, 기쁨과 평강이 있거나, 어떤 때에도 하나님의 의로운 손, 힘 있는 오른손이 자신을 붙들고 계심을 고백했다. 오늘 우리도 인생을 살아가면서 문제를 만나고 어려움을 만날 때 하나님이 그의 오른손으로 우리를 붙들고 계심을 잊지 말자. 우리는 인생을 살아가면서 어둠의 골짜기를 지날 때가 있다. 그러나 그 순간에도 우리가 기억해야 할 것은 하나님이 우리에게 등불을 켜 주신다는 사실이다. 하나님은 우리의 어둠이 떠나게 하시고 밝은 빛을 비추어 주신다.

우리의 삶에 어떤 문제의 담이 우리를 가로막고 있을지라도 하나님을 의지하는 사람은 그 문제의 담을 뛰어넘을 수 있는 믿음과 은혜를 베풀어 주시고 담대함을 주신다. 우리가 고난을 통과할 때 우리는 혼자가 아니라는 사실을 기억해야 한다. 하나님은 그 순간에도 그의 힘 있는 오른손으로 우리를 붙들고 계신다.

오늘 어떤 문제로 고민하고 있는가? 하나님을 의지함으로써 문제의 담을 뛰어넘은 다윗처럼, 승리의 삶을 살아가자.

환난 날에 응답하시는 하나님[27]

다윗은 "환난 날에 여호와께서 네게 응답하시고"라고 노래한다. 우리의 삶에 환난이 다가올 때 우리가 기도하면 하나님은 우리의 기도를 들으시고 우리에게 응답해 주신다. 다윗은 환난을 만났다. 한 번은 다윗이 사울 왕을 피하여 엔게디의 동굴에 숨어 있을 때, 사울 왕이 그 동굴에 들어왔다. 물론, 사울은 다윗이 그곳에 있는지 모르고 들어갔던 것이다. 다윗이 얼마나 놀랐을까? 그 순간에 다윗이 할 수 있는 것은 숨을 죽이고 하나님을 의지하며 기도하는 것 외에는 다른 길이 없었다.

다윗이 간절히 하나님께 기도할 때 하나님은 사울의 눈을 가려주셔서 같은 동굴 안에 있는 다윗을 발견하지 못하게 하셨다. 결국 하나님은 환난 날에 기도하는 다윗의 기도를 들으시고 응답하여 주신 것이다. 다윗은 자신을 보호하신 하나님을 향하여 노

27) 시 20:1~7.

래하였다. 오늘도 하나님은 환난 가운데서 우리의 기도를 들으시고 응답하신다. 그래서 우리의 문제가 변하여 노래가 되게 하신다. 오늘 본문의 다윗의 노래를 통하여 우리에게 주시는 말씀은 무엇인가?

하나님은 우리의 예배를 주목하신다

> [2] 성소에서 너를 도와주시고 시온에서 너를 붙드시며 [3] 네 모든 소제를 기억하시며 네 번제를 받아 주시기를 원하노라 (셀라) (시 20:2~3)

다윗은 "하나님이 성소에서 너를 도와주신다"라고 고백한다. 성소는 하나님의 성전을 말한다. 이 말은 하나님께 나아가 예배하고 하나님께 기도하고 하나님께 찬양하는 사람을 하나님은 붙들어 주신다는 것이다. 하나님은 하나님께 예배하는 사람의 예배를 주목하시고 예배자를 도와주시고 붙들어 주신다. 하나님은 우리가 드리는 새벽 예배, 주일 예배, 금요 철야 예배와 같이 우리가 드리는 모든 예배를 받으시고 우리를 기억하신다. 그렇기 때문에 우리는 어떤 예배도 소홀히 드려서는 안 된다. 하나님은 우리의 모든 예배를 받으신다. 주일 예배가 아니니 새벽 예배는 중요하지 않다는 생각을 가져서는 안 된다. 어떤 예배든지, 하나님은 그 예배에 임재하시고 우리의 찬양과 기도에 귀를 기울이시고 우리에게 응답을 베풀어 주신다. 2020년도 코로나19의 위기를 만나면서 우리는 마음껏 모여 예배드릴 수 있다는 것이 얼마나 큰 은혜이고 복인가를 깨달았다. 예배는 소홀히 드릴 수 없는 것이다.

하나님은 우리의 소원을 이루어 주신다

> [4] 네 마음의 소원대로 허락하시고 네 모든 계획을 이루어 주시기를 원하노라 [5] 우리가 너의 승리로 말미암아 개가를 부르며 우리 하나님의 이름으로 우리의 깃발을 세우리니 여호와께서 네 모든 기도를 이루어 주시기를 원하노라(시 20:4~5)

우리를 향한 하나님의 뜻이 무엇인가? 우리를 향한 하나님의 뜻은 우리에게 하나님이 주신 소원이다. 나는 청년 시절에 "하나님의 나를 향한 뜻이 무엇입니까?"라는 기도를 드린 적이 많이 있다. 그런데 어느 날 기도하다 보니, 하나님의 나를 향한 뜻은 이미 내 마음에 주신 소원이라는 사실을 알게 되었다. 하나님은 우리가 이 세상에 태어날 때부터 나만이 잘할 수 있고 내가 즐겁게 할 수 있는 소원을 나의 마음속에 넣어 주셨다. 그 소원을 따라서 살면 무엇보다 잘할 수 있고 그것을 하면 어떤 것보다 재미 있으며 그것을 하면 좋은 결과를 얻을 수 있다. 우리가 소원을 가지고 그 소원을 이루기 위해서 기도하고 노력하며 살다 보면, 어느 날 그 소원이 이루어져 있는 것을 알게 된다. 어떤 소원이 있는가? 그 소원을 붙들고 하나님께 믿음으로 기도하자. 그 소원을 붙들고 최선을 다하자. 하나님께서 그 소원을 이루어 주시고 놀라운 은혜를 베풀어 주신다.

하나님은 기름 부음 받은 자를 구원하신다

[6] 여호와께서 자기에게 기름 부음 받은 자를 구원하시는 줄 이제 내가 아노니 그의 오른손의 구원하는 힘으로 그의 거룩한 하늘에서 그에게 응답하시리로다(시 20:6)

다윗은 자신이 어려움을 당할 때도 하나님을 의지하고 하나님이 자신을 건져 주실 것을 의심치 않았다. 왜냐하면 하나님은 기름 부음 받은 자를 반드시 구원하실 것을 믿었기 때문이다. 다윗은 사무엘을 통하여 자신에게 기름 부어 주셨던 하나님의 은혜를 늘 기억하고 살았다. 아무리 사울이 자신을 죽이려고 해도, 다윗은 하나님이 자신을 도와주시고 지켜 주실 것을 믿고 오로지 하나님을 찬양하고 기도하며, 노래할 수 있었다. 우리도 인생을 살아가면서 어려움을 만나지만, 하나님이 우리에게 성령의 기름을 부어 주셔서 우리를 지켜 주시고 인도해 주심을 기억해야 한다.

바울은 로마로 호송되어 가는 배에서 '유라굴로'라는 광풍을 만났다. 선장과 선원들은 배를 버리고 도망치려고 했지만, 그는 기도할 때 하나님이 자신과 함께하시고 자신과 그 배에 있는 사람들을 모두 지켜 주신다는 약속을 받았다. 그는 풍랑 가운데서도 그 배에 있는 모든 사람이 살게 될 것이니 모두 안심하라고 선언하였다(행 27:25). 그 배에 승선한 모든 사람이 살 수 있었던 이유는 그 배에 성령의 기름 부음 받은 하나님의 사람 바울이 타고 있었기 때문이다. 이 말씀은 우리에게 아주 중요한 이야기를 전해 주고 있다.

오늘 나 한 사람이 성령의 기름 부음 받은 하나님의 사람이 되어 기도할 때, 우리의 가정, 직장과 사업장이 복된 곳이 된다는 것이다. 예수님은 부활 승천하시기 전에 제자들에게 예루살렘을 떠나지 말고 성령을 기다리라고 말씀하셨다. 성령의 기름 부음이 제자들에게 임할 때 하나님이 그들에게 담대함을 주시고 그들이 땅끝까지 이르러 증인이 될 것을 알고 계셨기 때문이다. 오늘 우리도 성령의 기름 부음을 사모해야 한다. 우리에게 성령의 불을 부어 달라고 기도해야 한다. 성령의 기름 부음이 있는 곳에서는 놀라운 기적이 일어난다.

하나님은 오늘도 우리의 예배에 오셔서 우리의 기도를 듣고 계신다. 하나님은 우리에게 소원을 주시고 그 소원을 이루어 주시기를 원하신다. 하나님은 그의 백성들에게 성령의 기름을 부어 주시고 그들에게 힘을 주시고 구원의 길을 열어 주신다. 우리도 이와 같이 참된 예배자가 되고 간절한 소원을 붙들고 기도하고 성령의 기름 부음을 받아 권능 있는 삶을 살아가자.

문제가 변하여 복이 되게 하시는 하나님²⁸⁾

다윗은 목축하는 아버지를 따라서 어려서부터 양을 돌보는 일을 하고 살았다. 그는 어디에 좋은 목초지가 있고 어디에 깨끗한 물이 있는지를 잘 알아서 늘 양들을 좋은 목초지로 인도하고 맑은 물가로 인도하여 물을 마시게 하였다. 어느 날 다윗은 푸른 풀밭에서 풀을 먹고 있는 양들을 돌보다가 문득, 하나님이 자신의 목자가 되시고 자신은 양이 되어 하나님이 자신을 돌보고 계심을 깨닫게 되었다. 그는 자신이 하나님을 의지하고 살아갈 때 하나님이 부족함이 없게 하시는 은혜를 주셨다는 생각에 감격하며 시편 23편을 지어 하나님께 노래했다. 오늘 우리도 하나님이 우리의 목자가 되심을 깨닫고 하나님께 감사하며, 찬양하며 살아가자. 오늘 본문의 노래를 통하여 우리에게 주시는 진리의 말씀은 무엇일까?

---

28) 시 23:1~6.

하나님을 믿는 사람에게는 부족함이 없다

[1] 여호와는 나의 목자시니 내게 부족함이 없으리로다 [2] 그가
나를 푸른 풀밭에 누이시며 쉴 만한 물가로 인도하시는도다(시
23:1~2)

다윗은 하나님이 나의 목자라고 고백했다. 다윗은 하나님이 자
신의 목자이시기 때문에 자신은 부족함이 없다고 말한 것이다.
목자가 양들의 먹을 것, 마실 것과 잘 곳을 예비해 주는 것처럼,
하나님이 자신의 목자가 되셔서 자신의 인생에는 부족함이 없게
하신다는 고백이다. 오늘 우리도 인생을 살아가면서 하나님이 우
리의 목자가 되심을 믿어야 한다. 우리의 목자되신 하나님께서
우리의 모든 쓸 것을 예비하시고 공급해 주신다. 하나님이 우리
의 목자가 되심을 믿고 하나님을 의지하고 살아갈 때 하나님은
우리의 모든 것을 풍성하게 채워 주신다.

목자는 양들을 위해서 목숨을 건다. 목자가 양들을 지키다 보
면 때로는 맹수가 다가와서 양들을 빼앗아 가려고 한다. 이때 선
한 목자는 자신의 목숨을 걸고 양을 지키기 위해서 맹수와 싸운
다. 거짓 목자는 양을 버리고 도망친다. 예수님은 자신이 선한 목
자라고 말씀하셨다. 예수님은 양들을 지키기 위하여 자신의 목
숨을 십자가에 내어 주셨다. 그래서 양들에게 부족함이 없는 삶

을 살게 하셨다.

[11] 나는 선한 목자라 선한 목자는 양들을 위하여 목숨을 버리거
니와(요 10:11)

하나님은 환난의 때에 우리와 함께하신다

[4] 내가 사망의 음침한 골짜기로 다닐지라도 해를 두려워하지 않
을 것은 주께서 나와 함께 하심이라 주의 지팡이와 막대기가 나를
안위하시나이다(시 23:4)

다윗은 때로 사망의 음침한 골짜기를 걷는 것 같은 위기를 만
날 때가 있었다. 그때도 그는 해를 두려워하지 않았다고 노래한
다. 그 이유는 하나님이 자신과 함께하심을 알았기 때문이다. 사
울이 자신을 죽이려고 하는 위기 속에서도 다윗은 그 가운데서
하나님이 자신과 함께하고 계심을 믿었다. 하나님의 지팡이와 막
대기가 자신을 보호하고 사울의 모든 위협에서 지키고 계심을 믿
었다. 다윗은 블레셋의 거인 골리앗 앞에 서 있을 때도 두려워
하지 않고 담대하게 골리앗을 향하여 싸움에 나갔다. 그 이유는
그 순간에도 하나님의 지팡이와 막대기가 자신과 함께하는 것을
믿었기 때문이다. 우리 삶에서도 사망의 골짜기를 지나는 것과

같은 위기가 다가올 때가 있다. 그러나 그 순간에도 하나님이 나와 함께하심을 믿고 담대하게 나아가자.

하나님은 문제를 변화시켜 복이 되게 하신다

> [5] 주께서 내 원수의 목전에서 내게 상을 차려 주시고 기름을 내 머리에 부으셨으니 내 잔이 넘치나이다(시 23:5)

하나님은 원수의 목전에서 상을 차려 주신다. 골리앗은 다윗에게 있어서 큰 산과 같은 대적이었다. 그러나 다윗이 하나님을 의지하고 골리앗을 향하여 전쟁에 나갔을 때 하나님은 골리앗을 쓰러뜨리고 다윗 앞에 풍성한 상을 차려 주셨다. 사울은 다윗을 죽이려고 혈안이 되어 있었다. 그러나 다윗이 하나님을 의지하고 믿음으로 살 때 하나님은 사울을 쓰러트리고 다윗에게 풍성한 상을 차려 주셨다. 우리도 하나님을 의지하고 살아갈 때 하나님은 우리의 원수의 목전에서 풍성한 상을 차려 주신다.

하나님은 다윗에게 성령의 권능을 부어 주셔서 놀라운 일을 감당하게 하셨다. 소년 다윗은 어떻게 전쟁에서 뼈가 굵은 골리앗을 이길 수 있었겠는가? 소년 다윗은 어떻게 사자와 곰과 싸워 이길 수 있었겠는가? 그것은 하나님이 다윗에게 위기의 순간마다 성령의 기름을 부어 주셔서 놀라운 일을 감당할 수 있는 능력을 주셨기 때문에 가능한 것이었다. 우리가 인생의 문제를 만날 때 하나님을 의지하면, 하나님은 우리에게 성령의 기름을 부어 주신다. 그래서 성령의 도우심으로 위기를 이기며 승리할 수 있게 해 주셔서 우리의 잔이 넘치는 삶을 살게 해 주신다.

우리는 삶 가운데 많은 문제를 만난다. 그러나 그 순간에도 하나님을 의지하면 하나님은 우리가 부족함이 없게 하신다. 위기의 순간에도 우리와 함께하시고 그의 지팡이와 막대기로 우리를 지켜 주신다. 하나님은 원수의 목전에서 상을 차려 주셔서 우리의 잔이 넘치게 하시고 기쁨과 평안의 삶을 살게 하신다. 하나님을 의지함으로써 복된 삶을 살아가자.

어둠을 밝히시는 하나님[29)]

다윗은 하루 앞이 보이지 않는, 앞이 캄캄한 나날을 보낼 때가 있었다. 그는 언제 죽을지 모르는 생명의 위협을 받으면서 어둠의 나날을 보냈다. 그러나 다윗은 그런 위협 속에서도 좌절하거나 절망하지 않았다. 그는 하나님이 절망을 희망으로 바꾸어 주실 것을 믿었기 때문이다. 우리에게도 인생을 살아가면서 어둠이 다가오고 문제가 다가올 때가 많다. 그럼에도 불구하고 하나님이 우리의 어둠을 제하여 주시고 우리에게 밝은 소망의 빛을 비추어 주실 것을 믿고 나갈 때 놀라운 승리의 삶을 살게 된다. 다윗이 어둠 속에서도 하나님께서 자신의 삶을 변화시켜 주실 것을 믿으며 노래했던 것처럼, 우리도 하나님께서 우리의 삶에 놀라운 은혜를 베풀어 주실 것을 믿고 하나님을 찬양하고 살아가자. 시편 27편을 통하여 우리에게 주시는 말씀은 무엇일까?

---

29) 시 27:1~6.

하나님은 어둠을 밝히는 빛이시다

[1] 여호와는 나의 빛이요 나의 구원이시니 내가 누구를 두려워하리요 여호와는 내 생명의 능력이시니 내가 누구를 무서워하리요 (시 27:1)

하나님은 어둠 속에서 살아가는 사람에게 빛을 비추어 주신다. 창세기를 보면, 하나님은 온 세상이 흑암과 혼돈으로 덮여 있을 때 말씀하셨다. "빛이 있으라!" 그 말씀과 함께 온 세상에 가득했던 어둠과 혼돈이 사라지고 온 세상은 빛으로 충만하게 되었다. 하나님이 계시는 곳에는 어떤 혼돈과 어둠이 있어도, 어둠을 빛으로 바꾸어 주시는 하나님이 함께하시니, 어둠이 사라지고 밝은 빛으로 충만해지게 되는 것이다.

우리는 어떤 어둠도 두려워할 이유가 없다

사람들은 어두움에 대한 두려움이 있다. 그러나 다윗은 고백하기를, 어떤 어둠이 있어도 그 어둠에 빛을 비추어 주시는 하나님이 우리와 함께하시니 두려워할 이유가 없다는 것이다. 다윗은 인생의 어둠이 다가오고 위기를 만날 때마다, 자신의 빛이시며 빛을 비추어 주시는 하나님을 의지했다. 그가 하나님을 의지할 때마다 하나님은 그의 어둠의 위기가 변하여 빛이 되게 하셨다. 하나님은 다윗의 생명의 능력이 되셔서 모든 어려움과 문제를 이기게 하셨다. 우리도 인생의 어둠을 만날 때가 있다. 그러나 그 순간에도 하나님이 우리의 빛이시며, 우리에게 빛을 비추어 주신다는 사실을 잊지 말자. 하나님은 우리에게 다가오는 어둠을 물리치시고 생명의 빛으로 충만하게 하신다.

하나님은 하나님을 의지하는 사람을 지켜 주신다

[2] 악인들이 내 살을 먹으려고 내게로 왔으나 나의 대적들, 나의 원수들인 그들은 실족하여 넘어졌도다(시 27:2)

다윗에게 수많은 대적이 다가왔다. 그들은 다윗을 우습게 여겼다. 다윗을 아무런 정치적인 배경도 없고 아무런 힘도 없는 목동 출신이라고 생각했다. 그러나 세월이 지나고 보니, 다윗을 넘어뜨리려고 하던 사람들이 오히려 넘어지는 것을 보게 되었다. 사울 왕은 다윗을 쉽게 제거할 수 있으리라고 생각했다. 그러나 다윗을 죽이려고 하면 할수록 오히려 자신이 더욱더 깊은 수렁 속으로 빠져들어 간다는 것을 알게 되었다. 왜 이런 일이 일어나게 되었을까? 그것은 다윗은 아주 연약한 사람처럼 보였지만, 그의 뒤에는 전능하신 하나님이 그와 함께하고 계셨기 때문이다. 하나님은 하나님을 의지하는 사람의 방패가 되신다. 그래서 하나님을 의지하는 다윗을 죽이려고 하면 할수록 오히려 다윗의 대적들이 실족하여 넘어지게 된 것이다. 다윗은 하나님을 의지했기 때문에 어떤 일이 있어도 태연할 수 있었다.

> [3] 군대가 나를 대적하여 진 칠지라도 내 마음이 두렵지 아니하며 전쟁이 일어나 나를 치려 할지라도 나는 여전히 태연하리로다 (시 27:3)

하나님을 의지하는 사람은 두려움을 이기며, 어떤 문제가 다가와도 태연하게 살아갈 수 있다. 오늘 우리도 어떤 문제가 있어도 두려워하지 말고 하나님을 의지하고 태연하게 살아가자.

하나님을 사랑하는 사람에게 은혜를 주신다

> [4] 내가 여호와께 바라는 한 가지 일 그것을 구하리니 곧 내가 내 평생에 여호와의 집에 살면서 여호와의 아름다움을 바라보며 그의 성전에서 사모하는 그것이라(시 27:4)

다윗의 마음속에는 한 가지 소원이 있었다. 그것은 많은 돈을 달라는 것도 아니고 큰 성공을 달라는 것도 아니었으며 오래 살게 해달라는 소원도 아니었다. 그는 오직 한 가지 일을 하나님께 기도하였다. 다윗의 소원은 평생 동안 하나님의 집에 살면서 하나님의 아름다움을 바라보며 하나님을 사모하는 것이라고 고백했다. 하나님이 이런 고백을 하는 다윗을 어떻게 사랑하지 않을 수 있겠는가? 우리는 다윗이 왜 그렇게 수많은 찬양을 지어서 하나님을 찬양하고 노래했는지 그 이유를 이 구절에서 알게 된다. 다윗은 하나님과의 사랑에 빠져서 살고 있었다. 하나님은 그런 다윗에게 큰 감동을 받으셨다. 하나님은 다윗이 위기 가운데 있을 때 그를 버려두지 않으시고 지키시고 숨겨 주셨다. 나는 2020년도에 코로나19로 인하여 사회적 거리 두기를 실시하고 교회들이 예배를 온라인 예배로 대체하여, 텅 빈 교회를 바라볼 때 이 말씀이 마음속 깊이 다가왔다. 하나님의 집에 살며, 하나님의 아름다움을 바라보며, 하나님을 사모하며 예배드리고 산다는 것이 얼마나 놀라운 은혜이며 복인가를 다시 한번 생각하게 되었다. 하나님의 집에서 살며, 그의 성전을 사모한다는 다윗의 마음이 깊이 느껴졌다.

> [5] 여호와께서 환난 날에 나를 그의 초막 속에 비밀히 지키시고 그의 장막 은밀한 곳에 나를 숨기시며 높은 바위 위에 두시리로다
> (시 27:5)

하나님은 다윗을 환난 날에 비밀히 지켜 주시고 숨겨 주셔서

결국 모든 사람 위에 높이 들어서 사용하셨다. 오늘 우리도 하나님을 사랑하고 하나님의 성전에 거하는 것을 사모하며 예배자가 되어서 살아갈 때 하나님이 우리를 비밀히 지켜 주시고 은밀한 곳에 숨겨 주시며, 은혜를 베풀어 주신다. 다윗과 같이 하나님을 사랑하고 하나님을 노래하며 살자. 우리는 인생을 살아가면서 때로 어둠의 순간을 만난다. 그러나 그 순간에도 하나님이 우리에게 빛을 비추어 주심을 믿어야 한다. 하나님은 우리가 하나님을 의지할 때 지켜 주시고 인도해 주신다. 하나님은 하나님을 사모하고 하나님을 찬양하는 사람을 기뻐하셔서 그를 지켜 주시고 위기의 순간에 그를 숨겨 주신다. 우리의 삶 가운데 매일 동행하시는 하나님을 의지하고 살아가자.

나를 건지시는 하나님[30)]

다윗은 사울을 피하여 도망가다가 한 번은 블레셋의 진영 가운데 들어가게 되었다. 다윗이 과거에 블레셋의 거인 골리앗을 죽이고 수많은 블레셋 사람을 죽였기 때문에 블레셋에 들어간 다윗은 큰 곤경에 빠지게 되었다. 그 순간 하나님은 다윗에게 지혜를 주셔서 갑자기 미친 사람처럼 행동했는데, 블레셋의 왕 아비멜렉은 다윗이 진짜로 미친 줄 알고 다윗을 내쫓았다. 그래서 다윗은 죽지 않고 블레셋의 진영에서 빠져나올 수 있었다. 오늘 본문을 통하여 우리에게 주시는 진리의 말씀은 무엇일까?

하나님을 경외할 때 부족함이 없게 하신다

[9] 너희 성도들아 여호와를 경외하라 그를 경외하는 자에게는 부

---

30) 시 34:8~15.

족함이 없도다(시 34:9)

하나님은 우리가 하나님을 경외하며 살기를 원하신다. 하나님을 경외하며 산다는 것은 하나님을 사랑하고 존경하며 두려워하는 마음으로 하나님께 순종하며 사는 삶을 의미한다. 하나님은 우리가 하나님을 경외할 때 부족함이 없게 하시고 우리의 모든 것을 채워 주시며 하나님을 경외하는 사람을 원수의 손에서 건져 주신다.

> [39] 오직 너희 하나님 여호와만을 경외하라 그가 너희를 모든 원수의 손에서 건져내리라 하셨으나(왕하 17:39)

하나님은 하나님을 경외하는 사람에게 천사를 보내어 그를 둘러 진 치게 하시고 그를 건져 주신다. 아람 군대가 엘리사를 잡으려고 도단 성을 포위했을 때 하나님은 그에게 수많은 불말과 불병거를 보내어 엘리사를 보호하셨다. 하나님은 오늘도 하나님을 경외하는 사람들에게 천사를 보내신다.

> [7] 여호와의 천사가 주를 경외하는 자를 둘러 진 치고 그들을 건지시는도다(시 34:7)

하나님은 하나님을 경외하는 사람을 긍휼히 여기신다. 다윗이 하나님을 경외하고 하나님을 의지하고 살아갈 때 하나님은 사울로 인하여 고통 가운데 있던 다윗을 긍휼히 여기셔서 그를 위기에서 건져 주셨다. 오늘 우리도 인생을 살아가면서 많은 위기를 만난다. 그때 우리가 할 일은 하나님을 경외하고, 하나님을 의지하고 살아가는 것이다. 하나님이 우리를 긍휼히 여기셔서 우리를 건져 주신다.

[13] 아버지가 자식을 긍휼히 여김 같이 여호와께서는 자기를 경외하는 자를 긍휼히 여기시나니(시 103:13)

오늘 우리도 하나님을 경외하며 살자. 하나님을 경외할 때 하나님이 우리를 도와주시고 우리에게 길을 열어 주시며, 우리가 부족함이 없게 하신다.

[10] 젊은 사자는 궁핍하여 주릴지라도 여호와를 찾는 자는 모든 좋은 것에 부족함이 없으리로다(시 34:10)

하나님을 찾는 사람에게 하나님은 그가 구하는 모든 좋은 것을 공급해 주셔서 부족함이 없게 하신다.

하나님은 모든 것을 공급해 주신다

다윗은 문제를 만날 때 하나님께 나아가 간구했다. 하나님은 그의 모든 기도를 들으시고 그의 기도를 응답으로 채워 주셨다. 오늘도 우리가 하나님께 구할 때 하나님은 우리가 구하는 '모든 것'을 채워 주신다. 가정의 문제, 자녀의 문제, 질병의 문제, 무엇이든지 구하는 것을 채워 주신다.

하나님은 좋은 것으로 채워 주신다. 하나님은 좋으신 하나님이시다. 우리는 허물이 크고 문제가 많지만, 그럼에도 불구하고 하나님은 우리를 버리지 않으시는 좋으신 하나님이시다. 하나님은 오늘도 우리를 좋은 것으로 채워 주신다.

하나님은 우리의 모든 것을 알고 계신다. 다윗은 하나님이 자신의 모든 것을 부족함이 없게 하시는 하나님이심을 고백하고 있다. 어떻게 하나님이 우리의 모든 것을 부족함이 없게 하시는가? 하나님은 우리의 모든 형편과 조건을 다 알고 계시기 때문이다.

> [1] 여호와여 주께서 나를 살펴보셨으므로 나를 아시나이다 [2] 주께서 내가 앉고 일어섬을 아시고 멀리서도 나의 생각을 밝히 아시오며(시 139:1~2)

하나님은 우리의 모든 것을 알고 계신다. 그래서 우리가 기도하기도 전에 이미 우리의 모든 것을 예비해 두셨다가, 우리가 기도하면 하나님이 이미 예비해 두신 것을 공급해 주셔서 부족함이 없도록 해 주시는 것이다.

기도할 때 하나님은 귀 기울이신다

> [15] 여호와의 눈은 의인을 향하시고 그의 귀는 그들의 부르짖음에 기울이시는도다(시 34:15)

하나님의 눈이 의인을 향하신다는 것은 하나님이 의롭게 사는 사람을 주목하신다는 의미이다. 누가 의인인가? 자신의 죄를 예수님의 십자가에 내려놓고 나의 공로를 의지하지 않고 오로지 하나님을 의지하고 하나님의 말씀에 순종하며 살아가는 사람이 의인이다. 하나님은 그런 사람을 주목하고 계신다.

하나님은 오늘도 우리가 하나님께 나아가 기도하기를 원하신다. 하나님은 기도를 통하여 우리가 하나님과 교제하기를 원하신다. 하나님은 우리가 부르짖는 기도에 주목하신다. 엄마들은 다른 일을 하면서도 신경은 온통 놀이터에서 놀고 있는 자녀에게 가 있다. 자녀가 놀다가 넘어져서 "엄마!" 하고 울면 엄마는 아이가 있는 곳을 향해서 순식간에 달려간다. 엄마는 자녀의 소리에 귀 기울이고 있기 때문이다. 오늘 우리의 아버지이신 하나님도 우리에게 이렇게 귀를 기울이고 계신다. 우리가 간구할 때 하나님은 우리에게 달려오신다. 그 하나님을 의지하고 살자.

우리는 인생을 살아가면서 어려움을 당한다. 그러나 우리가 하나님을 경외하면 하나님이 우리를 붙들어 주신다. 하나님께 부르짖어 기도하면 하나님은 우리에게 부족함이 없게 하시고 우리의 기도에 응답해 주신다.

기쁨의 근원이 되시는 하나님[31]

다윗은 악을 행하는 사람을 만나도 그런 일로 인하여 불평하거나 원망하지 말라고 말한다. 그 이유는 악을 행하는 사람들이 영원할 것 같지만, 결국 그들은 오래가지 못하고 풀과 같이 사라진다는 것을 알았기 때문이다. 다윗은 자신을 그렇게 죽이려고 했던 사울도 결국은 때가 되니 풀과 같이 사라져서 다윗이 이스라엘의 왕이 될 것을 알았기 때문이다.

> [2] 그들은 풀과 같이 속히 베임을 당할 것이며 푸른 채소 같이 쇠잔할 것임이로다(시 37:2)

우리도 인생을 살아가면서 어떤 때는 삶이 내 마음대로 안 되어 실망하고 기운을 잃어버릴 수도 있다. 그러나 다윗은 우리에게 실망하지 말라고 이야기한다. 오늘 본문의 노래가 우리에게

---

31)   시편 37:1~11.

주는 교훈의 말씀은 무엇일까?

하나님을 의지하고 선을 행하자

[3] 여호와를 의뢰하고 선을 행하라 땅에 머무는 동안 그의 성실을 먹을거리로 삼을지어다(시 37:3)

주변에 악한 사람들이 넘쳐나고 고통이 다가올 때 다윗은 그때도 행악자를 인하여 불평할 것이 아니라, 억울해도 더욱 하나님을 의지하고 선을 행하고 성실하게 살라고 이야기한다. 어떤 때는 하나님을 의지하고 선을 행하고 성실하게 사는 것보다 악하게 살아가는 사람들이 더 잘되는 것 같고 하나님을 의지하고 사는 사람은 손해만 보는 것 같은 느낌을 받을 때가 있다. 그러나 그 순간에도 우리는 하나님을 의지하고 선을 행하며, 성실하게 살아야 한다. 그 이유는 하나님을 의지하는 사람에게 하나님은 결국은 복을 주시고 은혜를 주시기 때문이다. 넉넉하지 않은 환경 가운데서도 어려움을 당하는 사람들에게 선을 베푸는 것을 아끼지 않는 사람에게 하나님은 넘치도록 채워 주신다.

[38] 주라 그리하면 너희에게 줄 것이니 곧 후히 되어 누르고 흔들어 넘치도록 하여 너희에게 안겨 주리라 너희가 헤아리는 그 헤아

림으로 너희도 헤아림을 도로 받을 것이니라(눅 6:38)

창세기를 보면, 요셉은 억울한 일이 있어도 하나님만을 의지하였다. 그는 형들에 의해서 억울하게 노예로 팔려 가게 되었다. 그뿐만 아니라, 그는 노예로 팔려 간 집에서 억울하게 감옥까지 가게 되었다. 그는 그 순간에도 형들을 원망하고 불평하고 주저앉아 있지 않고 하나님을 바라보았다. 자신을 판 형들을 불평하거나 원망하기보다는 오히려 하나님이 그 모든 일을 통하여 합력하여 선을 이루실 것을 믿고 선을 행하고 성실하게 살았다(창 50:20). 결국 하나님은 요셉이 감옥에서 나오게 하시고 그의 꿈을 이루어 주시고, 그의 가족들을 살리는 사람이 되게 하셨다. 우리도 억울한 일을 당할지라도 불평하고 원망하지 말고 하나님을 의지하고 선을 행하며 살아가자.

하나님을 기뻐하며 살자

[4] 또 여호와를 기뻐하라 그가 네 마음의 소원을 네게 이루어 주시리로다(시 37:4)

다윗은 억울한 일을 당할 때 오히려 하나님을 기뻐하라고 말한다. 우리가 억울한 일을 당해도 하나님을 기뻐할 수 있는 이유는 무엇인가? 우리가 하나님의 놀라운 사랑 가운데 살고 있기 때문이다. 하나님은 하나밖에 없는 그의 아들을 십자가에 내어 주실 정도로 우리를 사랑하시고, 하나님의 자녀로 삼아 주셨기 때문이다. 하나님의 그 놀라운 사랑을 묵상할 때 우리는 매일 기뻐하며 살 수 있다.

> [12] 영접하는 자 곧 그 이름을 믿는 자들에게는 하나님의 자녀가 되는 권세를 주셨으니(요 1:12)

우리는 놀라운 복을 받았다. 하나님은 우리를 율법의 저주에서 자유롭게 하시고 아브라함의 복을 우리에게 주셨기 때문에 우리는 기뻐하며 살 수 있다.

> [13] 그리스도께서 우리를 위하여 저주를 받은 바 되사 율법의 저주에서 우리를 속량하셨으니 기록된 바 나무에 달린 자마다 저주 아래에 있는 자라 하였음이라 [14] 이는 그리스도 예수 안에서 아브라함의 복이 이방인에게 미치게 하고 또 우리로 하여금 믿음으로 말미암아 성령의 약속을 받게 하려 함이라(갈 3:13~14)

우리는 놀라운 치유를 받았다. 예수님은 우리를 위하여 채찍에 맞으심으로써 우리의 모든 병에서 우리를 낫게 해 주셨다. 그 때문에 우리는 기뻐하며 살 수 있다.

[24] 친히 나무에 달려 그 몸으로 우리 죄를 담당하셨으니 이는 우리로 죄에 대하여 죽고 의에 대하여 살게 하려 하심이라 그가 채찍에 맞음으로 너희는 나음을 얻었나니(벧전 2:24)

그러니 우리에게 어떤 어려움이 다가오고 억울한 일이 다가와도 하나님을 기뻐하고 살아가자.

하나님께 맡기면 하나님이 이루어 주신다

[5] 네 길을 여호와께 맡기라 그를 의지하면 그가 이루시고(시 37:5)

다윗은 억울한 일을 당할 때 자신의 힘과 능력으로 그 문제가 해결되는 것이 아님을 알았다. 그래서 그는 모든 것을 하나님께 맡기는 것이 얼마나 중요한 것인가를 깨달았다. 오늘 우리도 우리의 모든 문제를 하나님께 맡길 때 하나님이 이루어 주신다. 다윗은 사울이 자신을 그렇게 죽이려고 할 때도 자기 힘으로 사울을 죽이려고 하지 않았다. 모든 것을 하나님의 손에 맡기면 하나님의 때에 모든 것이 이루어질 것을 그는 믿었다. 그래서 그는 시편 37편 9절에서 "악을 행하는 사람은 끊어질 것이지만, 하나님을 소망하는 사람들은 땅을 차지하는 복을 받게 된다"라고 고백하고 있는 것이다. 오늘 우리도 우리의 모든 문제를 하나님께 맡기자. 하나님께 맡길 때 하나님께서 돌보시고 일하신다.

억울한 일을 당할 때 우리는 원망과 불평을 할 것이 아니라, 하나님을 의지하며 선을 행하며 살아가자. 하나님이 베푸신 은혜에 감사하며, 하나님을 기뻐하고 하나님께 모든 것을 맡기며 살아가자. 그럴 때 하나님은 우리에게 길을 열어 주신다. 날마다 하나님을 의지하고 하나님께 기도하고 찬양하며 살아서 하나님이 주시는 놀라운 은혜 가운데서 살아가자.

수렁에서 끌어올리시는 하나님[32]

우리는 인생을 살아가면서 수많은 역경을 통과한다. 그러나 어떤 역경이 다가온다고 해도 사랑의 하나님이 우리와 함께하시고 우리를 인도하심을 믿을 때 역경을 이기고 힘을 내서 살아갈 수 있다. 오늘 시편 40편 12절을 보면, 다윗은 "수많은 재앙이 나를 둘러싸고 있다"라고 고백한다. 그런 상황에서도 다윗은 포기하거나 낙심하지 않고 하나님을 의지하고 하나님께 나아가 찬양과 기도를 드렸던 것이다. 하나님은 다윗을 버리지 않으시고 그를 도와주셨다. 오늘 본문의 말씀을 통하여 우리에게 주시는 진리의 말씀은 무엇일까?

---

32) 시 40:1~5.

하나님은 우리를 수렁에서 끌어올리신다

[1] 내가 여호와를 기다리고 기다렸더니 귀를 기울이사 나의 부르짖음을 들으셨도다 [2] 나를 기가 막힐 웅덩이와 수렁에서 끌어올리시고 내 발을 반석 위에 두사 내 걸음을 견고하게 하셨도다(시 40:1~2)

다윗은 어려움 가운데서 하나님께 간절히 기도했다. 하나님께 기도하고 기다리고 기다렸더니, 하나님이 그의 기도를 들으시고 기가 막힐 웅덩이와 수렁에서 그를 끌어올리셨다.

다윗은 기가 막힐 웅덩이라고 말하고 있다. 보통 웅덩이가 아니고 기가 막힐 웅덩이다. 그런 웅덩이는 내 힘으로 빠져나올 수 없는 웅덩이다. 그러나 그런 곳에서도 하나님께 기도하면 하나님이 끌어올려 주신다는 것이다. 오늘 우리도 인생을 살면서 예상치 못하게 기가 막힐 웅덩이와 수렁에 빠질 때가 있다. 그러나 그 순간에도 하나님을 의지하고 기도하면 하나님은 우리의 기도를 들으시고 우리를 건져내어 주신다. 하나님은 우리를 향한 놀라운 계획을 가지고 계신다.

하나님은 우리에게 기적을 예비하신다

> [5] 여호와 나의 하나님이여 주께서 행하신 기적이 많고 우리를 향하신 주의 생각도 많아 누구도 주와 견줄 수가 없나이다 내가 널리 알려 말하고자 하나 너무 많아 그 수를 셀 수도 없나이다(시 40:5)

다윗은 하나님께서 행하신 기적이 많다고 고백했다. 오늘 우리도 삶을 뒤돌아볼 때 하나님이 우리를 향하여 행하신 수많은 기적이 있음을 알게 된다. 오늘까지 살아온 것이 기적이요, 죽을 고비에서 건져 주신 것이 기적이다. 나는 초등학교 시절에 홍수가 난 냇가에서 놀다가 물에 빠져서 죽을 뻔한 일이 있었다. 다행히 그 냇가 옆에서 장기를 두시던 할아버지가 물에 뛰어들어 나를 건져 주셔서 살게 되었다. 그때 그 할아버지가 아니었으면 나는 이 세상 사람이 아니다. 인생을 살다 보면 삶과 죽음이 한순간에 갈린다. 나는 그 위기의 순간에 하나님께서 나를 위하여 그 할아버지를 천사와 같이 내게 보내 주셨다고 믿는다. 하나님이 그런 기적을 행하시는 이유가 무엇인가? 하나님께서 우리를 사랑하시기 때문이다. 하나님은 우리를 지켜 주시고, 가장 좋은 것을 주시기를 원하시는 우리의 아버지이기 때문이다.

다윗은 하나님이 우리를 향한 생각이 많으시다고 고백했다. 그의 인생 가운데서 수많은 위기를 만날 때도 하나님은 그 모든 위기에서 건져 주시고 다윗에게 매 순간 힘을 주셨다. 왜 그런가? 하나님이 다윗을 향한 생각이 많으시기 때문이다. 오늘 하나님은 우리를 향한 많은 생각을 가지고 계신다. 하나님은 우리에게 미래와 희망을 주려고 하신다.

> [11] 여호와의 말씀이니라 너희를 향한 나의 생각을 내가 아나니 평안이요 재앙이 아니니라 너희에게 미래와 희망을 주는 것이니라(렘 29:11)

하나님은 우리를 도와주신다

> [17] 나는 가난하고 궁핍하오나 주께서는 나를 생각하시오니 주는 나의 도움이시요 나를 건지시는 이시라 나의 하나님이여 지체하지 마소서(시 40:17)

다윗은 고백하기를 주는 나의 도움이라고 말한다. 다윗이 경제적으로 여유가 있고 모든 것이 잘 갖추어져서 하나님이 그를 도와주신 것이 아니다. 나는 가난하고 궁핍하오나 주께서 나를 생각하시오니 주는 나의 도움이라고 고백하고 있다. 하나님은 우리를 도와주신다.

[1] 내가 산을 향하여 눈을 들리라 나의 도움이 어디서 올까 [2] 나의 도움은 천지를 지으신 여호와에게서로다(시 121:1~2)

시편의 기록자는 노래한다. 나의 도움이 어디서 올까? 그 도움은 천지를 지으신 하나님으로부터 온다고 고백한다. 왜 하나님은 다윗을 도와주신 것일까? 하나님이 우리의 아버지가 되시기 때문이다.

[12] 영접하는 자 곧 그 이름을 믿는 자들에게는 하나님의 자녀가 되는 권세를 주셨으니(요 1:12)

하나님은 우리가 하나님을 믿고 영접하면, 우리를 하나님의 자녀로 삼아 주시고 우리의 모든 기도를 들어 주시고 응답해 주신다. 하나님은 그의 백성을 불쌍히 여기신다.

[13] 그는 가난한 자와 궁핍한 자를 불쌍히 여기며 궁핍한 자의 생명을 구원하며(시 72:13)

하나님은 가난한 자와 궁핍한 자를 불쌍히 여기신다. 다윗은 하나님께 자신이 가난한 자라고 고백했다. 다윗은 하나님은 가난한 자와 궁핍한 자를 불쌍히 여기시며, 궁핍한 사람의 생명을 구원하시는 하나님인 것을 알고 있었기 때문이다. 그는 문제를 만나고 위기를 만날 때 콧대를 높이 세우고 잘난 체하지 않았다. 그는 철저히 하나님 앞에 엎드렸다. 겸손하게 하나님의 은혜를 구했다. 자신을 불쌍히 여겨 달라고 간구했다. 그럴 때 하나님은 그의 연약함을 보시고 그를 건져 주셨다. 오늘도 우리는 수많은 역경의 웅덩이와 수렁에 빠진다. 그러나 우리가 하나님을 의지하고 기도할 때 하나님은 우리를 불쌍히 여기시고 깊은 웅덩이와 수렁에서 끌어올리신다. 하나님은 우리를 도와주신다. 우리의 역경에서 건지시는 하나님을 의지하고 믿음으로 살아가자.

가난한 자를 돕는 사람을 기억하시는 하나님³³⁾

하나님은 가난한 사람을 불쌍히 여기실 뿐만 아니라, 우리가 가난한 사람들을 구제하고 사랑을 베풀며 살기를 원하신다. 오늘 본문의 말씀을 보면, 하나님은 우리가 가난한 사람들에게 사랑을 베풀고 구제하며 살아갈 때 우리에게 복을 주신다고 말씀하신다. 오늘 본문의 말씀이 우리에게 주시는 진리의 말씀은 무엇인가?

하나님은 가난한 사람을 돕는 사람에게 복을 주신다

[1] 가난한 자를 보살피는 자에게 복이 있음이여 재앙의 날에 여호와께서 그를 건지시리로다(시 41:1)

---

33)   시 41:1~12.

다윗은 사울에게 쫓겨 다니며 살았다. 그럼에도 불구하고 다윗은 주변에서 어려움을 당하는 사람들과 가난한 사람을 돌보는 삶을 살았다. 언제 사울에게 잡혀 죽을지 모르는 사람이 어떻게 가난한 사람을 돌볼 마음의 여유가 있었을까? 그것은 하나님이 우리에게 이웃을 보살피며 살라고 말씀하셨기 때문이다.

[17] 가난한 자를 불쌍히 여기는 것은 여호와께 꾸어 드리는 것이니 그의 선행을 그에게 갚아 주시리라(잠 19:17)

가난한 자를 불쌍히 여기고 그에게 필요한 것을 공급해 주는 것은 하나님께 꾸어드리는 것과 같다고 잠언은 이야기한다. 그 선행을 하나님께서 갚아 주신다는 것이다. 하나님은 가난한 사람을 돌보는 사람을 재앙의 날에 건져 주신다. 하나님은 우리가 심는 대로 거두게 하신다. 하나님은 우리가 가난한 사람에게 베푼 구제를 기억하시고 우리에게 복을 주신다.

[2] 여호와께서 그를 지키사 살게 하시리니 그가 이 세상에서 복을 받을 것이라 주여 그를 그 원수들의 뜻에 맡기지 마소서(시 41:2)

하나님은 가난한 사람을 돌보는 사람을 고쳐 주신다

[3] 여호와께서 그를 병상에서 붙드시고 그가 누워 있을 때마다 그의 병을 고쳐 주시나이다(시 41:3)

가난한 자를 돌보는 사람에게 하나님은 그를 귀히 여기셔서 그의 병을 고쳐 주신다. 가난한 사람을 돌보는 사람에게 하나님은 복을 주신다. 그래서 그가 병들었을 때 그의 병에서 그를 붙들어 주시며 병들어 누워 있을 때 그를 고쳐 주신다. 사도행전을 보면, 다비다라는 여인이 나온다. 그 여인은 주변의 가난한 과부들을 위하여 사랑의 구제를 아끼지 않았던 사람이다.

[36] 욥바에 다비다라 하는 여제자가 있으니 그 이름을 번역하면 도르가라 선행과 구제하는 일이 심히 많더니(행 9:36)

그 여인은 어느 날 갑자기 알 수 없는 병에 걸려 죽게 되었으나, 그 동네의 이웃들은 다비다를 그렇게 죽게 버려둘 수는 없었다. 평소에 다비다가 가난한 이웃들에게 섬김과 사랑을 베풀며 살았기 때문이다. 그들은 베드로를 청하여 그 여인을 살려줄 것을 간청했다.

[40] 베드로가 사람을 다 내보내고 무릎을 꿇고 기도하고 돌이켜

시체를 향하여 이르되 다비다야 일어나라 하니 그가 눈을 떠 베드로를 보고 일어나 앉는지라(행 9:40)

베드로는 하나님께 기도하고, 이미 죽어버린 다비다를 향하여 외쳤다. "다비다야 일어나라!" 그러자 다비다는 살아서 눈을 떠 베드로를 보고 일어나 앉았다. 죽었던 다비다가 어떻게 살아나게 되었을까? 다비다가 평소에 주변의 가난한 사람들에게 사랑의 구제를 아끼지 않았기 때문이다. 우리도 이와 같이 사랑의 손길을 펴고 살자. 그럴 때 하나님은 우리의 병에서 우리를 건져 주시고 고쳐 주신다.

하나님께서는 가난한 자를 돌보는 사람에게 은혜를 주신다

하나님은 우리가 완벽하기 때문에 우리를 사용하시는 것이 아니다. 다윗은 하나님 중심의 삶을 살려고 노력했지만, 자신도 모르는 사이에 육신의 정욕, 안목의 정욕, 이 세상 자랑에 빠져서 하나님께 죄를 범했다. 다윗은 죄 가운데 있을 때 병을 얻게 되어, 그 병으로 고통받았다. 다윗은 하나님께 나아가 자신의 죄를 회개하고 돌이키며 자신의 치유를 위하여 간구했다. 그때 하나님은 그에게 은혜를 베풀어 주시고 그의 병을 고쳐 주셨다.

[4] 내가 말하기를 여호와여 내게 은혜를 베푸소서 내가 주께 범죄하였사오니 나를 고치소서 하였나이다(시 41:4)

다윗은 범죄 가운데서 하나님께 나아가 자신의 죄를 자백하고 내게 은혜를 베풀어 치료해 달라고 간구했다. 다윗의 대적자들은 다윗이 병들었을 때 다윗이 죽을 것이라고 악담하였다. 다윗을 미워하는 사람들은 다윗에 대하여 수군거리며 다윗은 다시 일어나지 못할 것이라고 이야기했다. 그럴 때 다윗은 자신에게 필요한 것이 하나님의 은혜라는 것을 알았다. 그는 그 순간에 회개하며, 하나님의 은혜를 구하며 간절히 기도했다.

[10] 그러하오나 주 여호와여 내게 은혜를 베푸시고 나를 일으키사 내가 그들에게 보응하게 하소서 이로써(시 41:10)

하나님께 은혜를 베풀어 달라는 것이다. 나를 병에서 일으켜 달라는 것이다. 그래서 내가 그들에게 보응할 수 있도록 내게 건강을 회복시켜 달라는 것이다. 다윗이 기도할 때 하나님은 다윗의 기도를 들으시고 그를 회복시켜 주셨다. 오늘 우리도 이와 같이 가난한 이웃을 돌보며, 죄를 하나님께 내려놓고 회개하고 하나님의 은혜를 구할 때 하나님은 우리를 고쳐 주시고 은혜를 베풀어 주신다.

우리 주변에도 가난한 사람들이 많이 있다. 우리는 가난한 이웃을 사랑으로 구제하고 베풀며 살아야 한다. 가난한 사람에게 베푸는 사람에게 하나님은 복을 주시고 건져 주시고 은혜를 베풀어 주시기 때문이다. 우리도 가난한 자를 구제하며, 죄를 회개하며, 하나님의 은혜를 구하여 하나님이 주시는 복 가운데서 살아가자.

은혜를 베푸시는 하나님[34]

　　시편 57편을 보면, 다윗은 사울 왕을 피하여 도망가다가 동굴
을 발견하고 그 속에 숨었는데, 그 굴에 사울 왕이 들어왔다. 동
굴은 터널과 달라서 입구만 열려 있고 뒤는 막혀 있기 때문에 도
망갈 곳이 없어서 다윗은 절망했을 것이다. 그 순간 다윗은 하나
님께 집중했다. 그 역경의 순간에 다윗은 하나님께 기도하였다.
그는 하나님이 자신의 기도를 들어 주시고 응답해 주실 것을 믿
었다. 결국 하나님께서는 다윗을 지켜 주셔서 동굴에서 사울 왕
에게 발견되지 않게 해 주시고 살길을 열어 주셨다. 오늘 다윗의
시를 통하여 우리에게 주시는 진리의 말씀은 무엇일까?

---

34)　시 57:1~5.

어려움 가운데 하나님의 은혜를 구하라

> [1] 하나님이여 내게 은혜를 베푸소서 내게 은혜를 베푸소서 내 영혼이 주께로 피하되 주의 날개 그늘 아래에서 이 재앙들이 지나기까지 피하리이다 (시 57:1)

다윗은 하나님께 "내게 은혜를 베푸소서"라고 기도했다. 그는 두 번이나 반복하여 은혜를 베풀어 달라고 간구했다. 다윗은 하나님께 은혜를 구할 때 하나님이 자신에게 은혜를 베풀어 주시는 하나님이라는 사실을 알고 있었다. 그래서 그는 위기를 만날 때, 하나님께 자신에게 은혜를 베풀어 달라고 기도한 것이다. 은혜란 무엇인가? 은혜란 내 공로와 관계없이 거저 주는 선물이다. 다윗이 왕이 된 것은 온전히 은혜였다. 자신의 능력과 자신의 힘으로 다윗은 왕이 될 수 없었다. 그러나 하나님께서는 다윗의 공로와 관계없이 다윗에게 이스라엘의 왕이라는 선물을 허락하여 주셨다. 다윗은 여기서 중요한 원리를 깨달았다. 하나님은 우리가 구하면 누구든지 은혜의 선물을 주시는 하나님이라는 것을 알게 되었다. 그래서 다윗은 문제가 있을 때마다 하나님께 나아가 자신에게 은혜를 베풀어 달라고 간구했던 것이다. 다윗은 병들었을 때 치료의 은혜를 베풀어 주심을 간구했다.

> [2] 여호와여 내가 수척하였사오니 내게 은혜를 베푸소서 여호와

여 나의 뼈가 떨리오니 나를 고치소서(시 6:2)

다윗은 외롭고 괴로울 때마다 하나님께 은혜를 구했다. 하나님은 그의 간구를 들으시고 그에게 은혜를 베풀어 주셨다. 오늘 우리도 인생을 살아가면서 외롭고 괴로운 문제를 만난다. 그런 문제를 만나고 어려움을 만날 때마다, 우리에게 은혜를 주시는 하나님께 나아가 은혜를 구하면, 하나님께서 우리에게 은혜를 주시고 막혔던 길을 열어 주신다. 그래서 우리는 하나님께 나아가 매일 "내게 돌이켜 은혜를 베풀어 달라"라고 구하며 살아야 한다.

[16] 주여 나는 외롭고 괴로우니 내게 돌이키사 나에게 은혜를 베푸소서(시 25:16)

어려움이 있을 때 하나님께 피하라

[1] 내 영혼이 주께로 피하되 주의 날개 그늘 아래에서 이 재앙들이 지나기까지 피하리이다(시 57:1)

시편 57편 1절을 보면, 다윗은 자신이 숨어 있는 굴에 사울이 들어왔을 때 하나님께로 피했다. 우리는 인생의 재앙이 다가올 때 그 재앙을 다른 방법으로 해결할 수 없다. 우리가 해야 할 일은 하나님께로 피하는 것이다. 다윗은 인생의 문제가 다가올 때마다 하나님이 자신의 요새가 되시고 자신의 환난 날에는 피난처가 되시기 때문에 하나님께 피하면 자신이 당면한 모든 위기에서 벗어날 수 있음을 알고 있었다. 우리도 예상치 못한 위기를 만날 때 하나님께 피해야 한다. 고난의 시기에 하나님을 의지해야 한다.

하나님께 피할 때 하나님은 건져 주신다

[3] 내가 찬송 받으실 여호와께 아뢰리니 내 원수들에게서 구원을 얻으리로다(시 18:3)

다윗은 문제를 만날 때마다 하나님께 피하고 하나님께 간구했다. 그럴 때마다 하나님은 그의 간구를 들으시고 그의 원수들에게서 구원을 얻게 하셨다.

[2] 내가 지존하신 하나님께 부르짖음이여 곧 나를 위하여 모든 것을 이루시는 하나님께로다(시 57:2)

다윗은 그가 하나님께 간구할 때 하나님이 모든 것을 들어 주시고 모든 것을 이루어 주심을 알았다. 그래서 그는 어떤 어려움이 다가와도 두려워하지 않았다. 그에게 다가온 모든 문제를 하나님께서 해결해 주실 것을 믿었기 때문이다. 다윗은 시편 23편에서 "사망의 음침한 골짜기로 다닐지라도"라고 고백한다. 사망의 음침한 골짜기라는 말은 생각만 해도 기분이 나쁘다. 그런 사망의 음침한 골짜기를 다닌다고 해도 다윗은 두려워하지 않았다. 왜냐하면 주님이 나와 함께하시기 때문이다. 하나님께 피하고 하나님을 의지하는 사람에게 늘 하나님의 지팡이와 막대기가 막아 주시고 지켜 주시기 때문이다. 오늘 우리도 하나님께 피해야 한다. 하나님을 의지해야 한다. 하나님을 의지하고 하나님의 날개 아래로 피하면 하나님은 우리를 도와주시고 놀라운 희망의 길을 열어 주신다.

[3] 그가 하늘에서 보내사 나를 삼키려는 자의 비방에서 나를 구원하실지라 (셀라) 하나님이 그의 인자와 진리를 보내시리로다(시 57:3)

다윗은 어떤 고난과 어려움이 있어도, 그 고난과 어려움 속에서 하나님이 자신을 지켜 주실 것을 믿었다. 우리는 인생을 살아가면서 때로는 사람들에게 비방거리가 될 수 있다. 사람들은 비방하고 참소한다. 그러나 어떤 순간에도 하나님께서는 우리와 함께하시고, 그 모든 비방에서 우리를 건져 주신다.

우리는 하나님의 사랑으로 우리에게 다가오는 고난을 이길 수 있다

[37] 그러나 이 모든 일에 우리를 사랑하시는 이로 말미암아 우리
가 넉넉히 이기느니라(롬 8:37)

다윗은 그가 고난을 만나고 어려움을 만나도, 하나님이 모든
비방에서 자신을 건져 주시고 자신을 사랑하고 계심을 믿었다.
그래서 그는 그 모든 어려움에서 벗어나 놀라운 승리의 삶을 살
수 있었다. 오늘 우리도 하나님이 우리를 건져 주심을 확신하고
하나님의 사랑을 확신하며 살아가자.

우리는 인생을 살아가면서 어려움과 문제를 만나고 위기를 만
난다. 그러나 그 순간에도 하나님이 우리와 함께 계심을 기억해
야 한다. 하나님은 우리에게 은혜를 베풀어 주시는 하나님이심을
믿고 날마다 하나님께 은혜를 구하며 살아가자. 하나님은 우리가
하나님께로 피할 때 우리를 건져 주신다. 고난이 다가올 때 하나
님께 피하자. 하나님은 오늘도 우리를 건져 주시고 우리에게 길
을 열어 주신다.

나가는 말

~~~~~~

이 책을 마무리하는 이 순간, 세계는 큰 고난의 시간을 통과하고 있다. 코로나19로 인하여 수많은 사람이 확진자가 되고, 생명을 잃고 있다. 많은 사람이 이 고난의 시기를 통과하면서 이 고난이 쉽게 끝나지 않을 것 같다는 두려움에 시달리고 있다. 나도 인생을 살아오면서 수많은 위기를 지나왔다. 국가적으로 보아도 한국의 경제를 휘청거리게 했던 IMF 구제 금융 시기, 미국의 리먼 브러더스의 금융 위기로 인한 경제적인 어려움의 시기, 사스나 메르스와 같은 전염병으로 두려움 속에서 살아야 했던 시기를 지나서 지금은 코로나19의 위협 속에 놓여있는 것이다. 개인적으로도 많은 위기를 지나왔다. 아버지의 사업이 망하면서 가정에서 경제적인 위기를 지나야 했고, 그 위기 속에서 하나님을 믿게 되었다. 위기 속에서 하나님을 만나게 된 것이다. 그리고 하나님의 부르심을 받고 목회자가 되었다.

뒤돌아보니, 올해로 목회 30주년이 되었다. 세월이 참 빠르다는 생각이 든다. 나같이 부족한 사람을 부르시고 사명을 주셔서 사역을 감당하게 하신 하나님께 감사와 영광을 올려드린다. 하나님은 상처받고 고난 가운데 있는 사람을 불러 십자가의 은혜와 사랑으로 치유하시고 그를 통하여 또 다른 상처받은 사람을 치유하게 하시는, 모든 것이 합력하여 선을 이루게 하시는 하나님이시다. 이 지면을 빌어 부족한 종을 위해서 중보 기도해 주신 모든 분들께 깊이 감사드린다.

내가 인생을 살아오면서 나에게 힘을 준 성경의 인물을 뽑아보라고 하면 나는 다윗을 택하겠다. 다윗은 젊은 나이에 왕으로 기름 부음을 받았다. 그 이후로 그의 인생은 고난의 연속이었다. 사울 왕은 끊임없이 다윗을 죽이려고 했으나, 다윗은 사울 왕을 피하여 도망 다니면서도 시를 지어 하나님께 노래했다. 그는 슬플 때도, 기쁠 때도 하나님께 노래했다. 다윗이 지어 불렀던 그 많은 시편이 나에게도 위로와 용기를 주고 어두운 밤을 통과할 수 있는 힘을 주었다. 지금 이 순간, 고난을 통과하는 분이 계신가? 그분도 다윗이 만난 하나님을 묵상하고 하나님을 의지하며 하나님께 노래하며 살면 좋겠다.